ティエリー・ヴォワザンの
料理哲学とその仕事

帝国ホテル
レ セゾンの
季節の食材と
フランス料理

IMPERIAL HOTEL
'Les Saisons' de Thierry Voisin

La vie, ma vie est faite de rencontres, souvant dues au hasard, mais il paraît que le hasard fait bien les choses !!

Jugez en plutôt.
Le hasard donc m'a fait rencontrer Thierry Voisin en 1988 à l'époque il travaillait à Paris au Restaurant "La Bourgogne" propriété du grand chef Jean-Paul Duquesnoy, 2 étoiles au guide Michelin.

Comme tous les jeunes cuisiniers ambitieux et volontaires, il souhaitait voir d'autres cuisines, d'autres méthodes, d'autres chefs. Il entreprenait ce que l'on appelle faire son tour de France.

Il avait choisi de venir à Reims, parce que me disait-il, il avait envie de travailler dans un 3 étoiles… C'était surement une des raisons de sa motivation, mais pas la seule. En effet, il m'avoué bien plus tard, que c'est en voyant une photo du couple Boyer, dans le guide des Relais et Châteaux, mais surtout d'Elyane femme, qu'il a pris sa décision de venir à Reims aux Crayères…

Il m'avait dit, qu'il souhaitait rester 2 années. Il est resté 15 ans !! C'est pour moi un des plus beaux souvenirs de ma vie professionnelle et de ma vie tout court.
C'est cela que j'appelle une rencontre, et une belle aventure humaine.

Durant cette période il a gravi tous les échelons de 1er commis, à 1/2 chef de partie, puis chef de partie aux poissons et à la sauce, pour enfin terminer chef des cuisines.

Pendant ces 15 années passées ensemble, j'ai apprécié ses qualités de cuisinier : fin, élégant, raffiné et respectueux du répertoire classique tout en étant créatif. Tout ceci, bien sûr est évident, sinon il ne serait pas resté 15 années. Au cours de 15 années, j'ai pu découvrir l'homme qu'il était avec sa sensibilité, son émotivité devant les belles choses, sa passion pour la musique, son attachement à Christèle, sa femme, sa famme, et Alexis et Victor, ses fils. Un homme quoi, tout simplement un vrai.

C'est donc avec ses qualités humaines : l'humilité, la politesse, le respet de ses équipes et pas seulement ses talents de cuisinier, qui on fait de lui un homme respecté et admiré. Il a gagné le respect de ses cuisiniers parce qu'il a le savoir et qu'il aime le transmettre.
Je suis heureux et fier de sa réussite aux Saisons de l'Hotel Imperial.

Gérard Boyer

人生、特に私の人生は出会いによって彩られる。その出会いはいつも偶然がもたらすもの。偶然は実によい仕事をしてくれる！！
本当かどうかはまず以下を読んで判断して欲しい。

縁あって、私は1988年にティエリー・ヴォワザンに出会った。彼はパリのレストラン「ラ ブルゴーニュ」で当時働いていた。偉大なシェフ、ジャン＝ポール・デュケノワがオーナーのミシュラン二つ星レストランだ。
野心とやる気に満ちた若い料理人がそうであるように、ティエリーも新たな料理や料理メソッド、他のシェフの仕事を学びたいと願っていた。なんと、彼は人が呼ぶところの「ツール・ド・フランス」（フランス全土を回りながら料理修業すること）を計画していたのだ。
シャンパーニュの都市・ランスに来ようと彼が選択したのは、三つ星レストランで働きたかったからだと私に説明してくれた。確かにそれは彼が「レ クレイエール」を選んだ理由の一つであったが、他にも理由があった。後に彼は、嘘か真かランスに来ようと思ったのはルレ・エ・シャトーのガイドブックに掲載されていた私と妻の写真を見て、特に妻エリアンスの写真を見て、「レ クレイエール」で働きたいと強く思ったと打ち明けてくれたのだ…。
彼は当初、2年間「レ クレイエール」で働きたいと私に話していた。しかし実際には15年も働いてくれた!! ティエリーと過ごした15年、それは私にとって仕事と人生における最も美しい思い出のひとつと言えるだろう。
だから私は、出会いこそ美しい人間の冒険と思っている。

ティエリーは「レ クレイエール」で過ごした15年間にすべてのポストを経験しトップのポジションに到達した。つまり、サブのシェフ・ド・パルティ（部門シェフ）、ポワッソン（魚料理）とソースのシェフ・ド・パルティを経て最後はシェフを務めたのだ。

ともに働いた15年の間、私はティエリーの料理人としての優れた資質を高く評価していた。それは気品、エレガンス、品格に満ちていること、古典料理のレパートリーに敬意を払いながらもクリエイティブであり続けることだ。この資質は明確で確固たるものだった。そうでなければ彼は15年も私と働いてはいなかっただろう。
15年の間、私はティエリーの人間性に触れた。彼の繊細さ、美しいものに感動する心、音楽に対する情熱、彼の妻、彼の息子たちに対する強い思い。裏表のない真の男、それがティエリー・ヴォワザンだ。

つまり料理人としての才能だけではなくティエリーの人としての資質：人間的であり、礼儀正しく、スタッフを大切にすることによって、彼は周りの人間からの尊敬と賞賛を集めた。彼は確かなテクニックを持ち、それを心から周りの料理人と分かち合うことが好きだった。それが彼らから尊敬される理由のひとつでもあった。
帝国ホテル「レ セゾン」でのティエリーの成功を私は嬉しく、そして心から誇りに思っている。

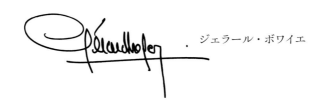　ジェラール・ボワイエ

IMPERIAL HOTEL *restaurant français*

1983年の開店当初、レ セゾンは南仏をイメージした現代フランス料理のレストランでした。店内にテラスがあり、白、淡いピンク、グリーンの3色を基調とした女性客を意識したデザインでした。2005年にクラシックモダンをコンセプトにリニューアルオープンすることになり、私としては内観や器を変えるだけでは納得いかなかった。とにかく料理を一新しなくてはならない。今後の帝国ホテルの料理の礎となり、帝国ホテルで働く料理人達の目標となるレストランを作りたいと思いました。その為に、私はフランス人シェフをレ セゾンに招聘すると強く決意したのです。

ヴォワザンと初めて会ったときに「一緒にこれから働くのだな」、という気持ちになりました。彼でよかったな、と。

彼の料理は、フランス料理のエスプリを感じるクラシックなものである反面、彼の思想が垣間見えます。それはソースに対しての強いこだわりや、素材を徹底的に見極めるところです。また、日本での経験が長くなるにつれ、日本の食材の特性や良さを自分のフランス料理の中に融合させようとしています。それは、彼が日本の国を心から愛しているからだと思います。日本の文化、風習、しきたり。日本の国が好きなのです。そして、帝国ホテルが好きなのでしょう。

ヴォワザンの料理は帝国ホテルという長い歴史を重ねたホテルの中で、模索しながら今の形にたどり着いたと思います。日本の食材を使用することで、彼は新たな感性を得たのかも知れません。ただ、ベースに流れているのは、彼が15年間働いたボワイエ氏の元で得たレ クレイエールの伝統料理であり、そこで培ったフランス料理のエスプリです。これらの流れが一つに重なり合って、これからも彼自身の感性で料理を作り続けていくのでしょう。

私はこの仕事を終えるとき、自分の一生を振り返るとき、ヴォワザンと出会えてよかったな、と思うでしょう。私にとっては大切な仲間です。私を総料理長として支えてくれているのは彼であり、また、私も彼を支えてきた。これは言葉では言い表せない繋がりなのです。

帝国ホテル　総料理長
田中 健一郎

帝国ホテル レ セゾンの季節の食材とフランス料理
IMPERIAL HOTEL 'Les Saisons' de Thierry Voisin

目次

プロローグ
2
ジェラール・ボワイエ／帝国ホテル総料理長 田中健一郎

1
Philosophie
料理哲学
11

2
Les plats et Produits
季節の食材と料理
19

食材について
20

春
23

アスパラガス
24

ホワイトアスパラガスのフランス風
柚子香るムースリーヌと一緒に
27,258

トリュフを羽織ったグリーンアスパラガス
梅干しのシャンティイー
29,259

モリーユ茸
30

シンプルにポワレしたラングスティーヌ
フランス産モリーユ茸を添えて
33,260

鰹
34

備長炭で焼きあげた鰹の炭火焼
桜のベアルネーズソースとグリーンアスパラガス
37,261

鰹節
38

パリジャンに見立てて
ポワローとじゃがいものフォンダンをチキン風味の
ジュレの上に 鰹節クリームとキャビア添え
41,262

甘鯛
42

甘鯛の松笠仕立て 行者にんにく
じゃがいものフォンダンとモワル
45,263

和牛
46

和牛サーロインとインカのめざめの
熟成コンテチーズ風味
野菜のローストとビーフのジュ
49,264

ロニョン・ド・ヴォー
50

厚切りにした仔牛のキドニーとトリュフを香らせた
クリームたっぷりのセロリ
フランボワーズ風味の玉葱のチャツネと一緒に
53,265

鴨
54

フランス産モリーユ茸のクルートを覆った鴨
春野菜を入れたブイヨンとパテ
57,266

苺
58

フリュイルージュのヴァシュランに見立てたデザート
軽やかに クリーミーに 願いを込めて
60,267

苺とルバーブのスープ仕立て
山葵を効かせたアイス
61,268

IMPERIAL HOTEL restaurant français

夏
069

サザエ
70

サザエの薄切りソテ 青豆のブイヨン 日向夏の泡
73,269

サルディーヌ
74

サーディンを3種の調理法で
新鮮なまま酢橘でマリネしてクロカンレギュームと
頭のブイヤベース仕立てと山椒風味のルイユ
サーディンオイルを香らせたロワイヤルに
バジルとオリーブのクルスティヤントを添えて
76,77,270,271

オマール海老
78

マンゴー好きなオマール海老
82,272

オマール・ブルー クリーミーなスープ ジャスミン豆腐とマンゴー
83,273

オマール・ブルーのココット焼き アメリケースソース
じゃがいものリソレを添えて
85,274

鯛
86

鯛の女王 ブルターニュ産ドラード・ロワイヤルを備長炭で焼き上げて
アーティチョークのタジン野菜とレモンコンフィをアクセントに
89,275

ハモ
90

鱧のロティとジロル茸
94,276

スネ肉
92

長時間ていねいにボイルした仔牛スネ肉に鰹節香るジュレ
昆布のクリームにかわいらしいブースと
95,277

豚
96

緑茶と昆布でマッサージされた沖縄アグー豚のロース肉
レ・ボー・ド・プロヴァンスのオリーブオイルを香らせた
インカのめざめのピュレ
99,278

乳飲み仔羊
100

乳飲み仔羊を薄焼きにした蕎麦粉のガレットで包んで
肩肉のコンフィ 熟成青森黒にんにく スダチと昆布
102,103,279

リ・ド・ヴォー
104

リ・ド・ヴォーの昔風ブレゼ 白桃とトリュフのジュレ
桃酢を香らせたシーザーサラダ添え
106,107,280

桃
108

一つの桃
110,281

エキゾチックフルーツ
112

エキゾチックフルーツのスープ仕立て
パッションフルーツとココナッツの雲
115,282

秋
121

セープ茸
122

フランス産セープ茸のカプチーノ仕立て
イベリコ豚の生ハムをあしらって
125,283

仔鳩のファルシを1匹丸ごとローストして
セープ茸 アバを加えたジュと
127,284

鮑
128

鮑のグリエ アーティチョーク・ポワヴラードのバリグール
132,285

牡蠣
130

フォワグラのポワレに牡蠣を添えて 酸味を加えたエシャロット
シトロンジュレ ビーツの雲
133,286

アーティチョーク
134

アーティチョーク・ポワヴラードとヘーゼルナッツ
パルマ産生ハムとアンチョビをアクセントに
137,287

ルジェ
138

ルジェ・ド・ロッシュの上にのせたイカのソテと
インカのめざめのエクラゼ チョリソーソーセージの雲
142,288

鱒
140

軽くスモークした富士山麓の鱒
甘み豊かなみかん胡椒とキャビアクリーム
143,289

ドーバーソール（舌平目）
144

フランス産舌平目を骨付きのままリソレして
生姜バターと 京人参のコンディマンテと共に
147,290

ビーツ
148
備長炭で焼き上げた和牛のサーロイン
塩釜焼きにねずの実を香らせたビーツをつけ合せで
151,294

ジビエ
152

山ウズラ
154
山ウズラのパイ包み焼き キャベツのデュクセル
ラール ジュ・ド・トリュフ
155,291

雷鳥
156
雷鳥のインペリアル風 トリュフを香らせた蕎麦と一緒に
157,292

鹿
158
蝦夷鹿のロース肉のロティ
酸味のある柿と薫香をつけたバターをからめたビーツ
159,293

栗
160
甘い玉葱のロワイヤル フランス産の茸とフォワグラ
栗のヴルテと一緒に
163,295

モンブラン 軽やかに 願いを込めて！
162,296

柿
164
柚子のジュレとジンのグラニテをあわせた柿
167,297

冬
175

トリュフ
176
"ジェラール・ボワイエ"氏直伝の黒トリュフのパイ包み焼き
179,298

ホタテ貝
180
ホタテ貝のロティ 蜂蜜とトリュフの香りをつけた根菜のエチュベ
レフォールに灯をともして
182,299

ラングスティーヌ（アカザエビ）
184
駿河湾産のアカザエビを半透明に仕上げて 生姜風味のブイヨンとマンゴー
バターナッツカボチャのラビオリと一緒に
187,300

アカザエビのカルパッチョと雲丹
海藻と柔らかいジュレと一緒に
189,301

雲丹
190
柚子を香らせた雲丹 イカ墨のガレット
195,302

つぶ貝
192
"棒付きキャンディー"つぶ貝とカレー風味
195,302

ガンベローニ
192
生姜のババロワにシャンパーニュ・ジュレ
195,303

のどぐろ
196
のどぐろを"ジュリアン デュマ氏直伝のレシピ蕎麦粉のガレット"で包んで
トリュフクリームに絡ませた蕎麦 酢橘のシャンティーと
199,304

バターナッツ
200
フォワグラのロワイヤルにバターナッツカボチャのヴルテ
クルスティヤントにしたカカオとトンカ豆
203,305

仔鳩
204
仔鳩のバロティーヌ仕立て フォワグラと葱と共に
トリュフ風味のジュで
207,306

鶏
208
豪華に仕上げた薩摩シャモのファルシ
フォワグラを加えたバスマチ米のピラフと黒トリュフ
211,307

チョコレート
212
願いを込めて軽く仕上げたタルト・ショコラ 生姜風味
カカオと紫蘇のソルベを添えて
215,308

林檎
216
一つの林檎
220,309

柚子
218
フロマージュブランのコンポジション フランボワーズ
柚子とレモンのソルベ
221,310

野菜農家を訪ねて
62

チーズ農家を訪ねて
168

3
Racines
ルーツ
227

ルーツを巡る旅
シャンパーニュへ
228

レ クレイエールへ
230

ポメリーを訪ねて
236

ドゥーツを訪ねて
242

4
L'équipe
チーム レ セゾン
249

5
Recettes
ルセット
257

ベーシック・レシピ
311

その他のレシピ
312

エピローグ
314

メッセージ
318

本書を読む前に

◇バターは無塩バターを使用
◇生クリームは特に表記がない場合は生クリーム42％を使用。
◇ゼラチンは特に表記がない場合は板ゼラチンを使用。
◇塩、胡椒、油脂などの分量を明記していない場合、適宜調節して下さい。
◇材料の加熱時間、オーブンの温度などは厨房の環境や加熱機器の種類、材料の状況により変化するため、適宜調節して下さい。
◇材料にある人数分表示と、料理写真で盛りつけられている量は異なることがあります。
◇掲載した食材は季節や天候、自然環境の変化、また、輸入規制の変更などにより入手出来ないことがあります。
◇使用する食材の産地ならびに料理は撮影時から変更になっている場合があります。

1
Philosophie
料理哲学

料理人の仕事は全ての人をリスペクトすること
食材をリスペクトすること

　お客様をリスペクトすることと同じように一緒に働いている人、つまりコックであっても、見習いであっても、洗い場でもあっても、スーシェフであっても、例えそれがGMであっても社長であっても同じようにリスペクトすること。自分自身だけではなくて自分の仕事をリスペクトすること。我々料理人の仕事とは、そういうものだと思っています。

　そして、もう一つ、リスペクトしなければならないのは「食材」です。

　料理人の仕事とはそんなに難しいことではなく、ごくシンプルなことです。人の輪や繋がりを大切にすれば、あとは、食材を大切にすればよいのです。

フランスと日本の食文化は同じ情熱でつながっている

　日本料理とフランス料理は文化的にもルーツ的にも全く違うものです。しかし、フランスでも日本でもお客様はフランス料理を楽しみ、フランス料理を作るシェフや料理人達はお客様を楽しませたいと思っています。享楽主義とでも言いますか、美味しいものを食べて幸せに思うとか、美味しいものを作ることでお客様を喜ばせたいという喜びや楽しみに向かっていることが一致しているのがとても不思議です。

　文化全般でいうと、フランスと日本は全く違いますが、料理、食文化、食べることに関してはとても密接したところがあると思います。

日本とフランスの食材は違うことが面白い

　日本とフランスの食材が違うことは良いことだと思います。同じだったら国ごとに何の変化もなく、面白味のない真っ平らな世界になってしまうので、とてもつまらない。逆に違いがあることが面白いし、良いことだと思います。

　初めて日本の食材を食べたときに、ハイレベルな食材だと思いました。味を見て、学んで、理解して、使いこなせるようになるには時間がかかりました。フランス料理の概念を歪曲化したくなかったし、崩したくなかった。ですから、日本に来た当初は日本の食材を使わなかったのです。

　7年前に鹿児島で、鰹節の製造現場を訪ねる機会に恵まれました。鰹節とはこうやって作るのだ、こういうものなのだとそのとき知って、カルチャーショックを受けました。

　鰹節というものをしっかり理解できたので、現在メニューをご用意していますが、少しだけ自分なりの使い方で鰹節を使っています。フランス料理の概念を崩さない中で、私が日本の伝統食材である鰹節をピンポイントで使う意図は、召し上がったお客様に「あっ！」という、驚きのエモーションを起こさせたいからです。「こんな味があるなんて思わなかった」とか、ちょっとした「ゆらぎ」です。音楽のノイズとかディストーションのように、全部が予定調和なきれいなものになるのではなく、お客様が想像もしないような食材をわずかに加えることで「あっ！」「えっ！」と思わせたい。そのエレメントは、料理を作る上でものすごく大事にしています。お客様がそれを感じて「あっ！」と、驚いてくれることが一番素晴らしい瞬間なのだと思っています。

美味しい料理とは？ライフスタイルとつながりが作る

　美味しい料理というのはレシピではないと思います。その人のライフスタイルや生き方、コミュニケーションの取り方の表れだと思います。

　もちろん技術は大切だと思いますが、一回で身に付くものではなくて、時間をかけて自分のものにしていくことです。今も私は日々技術を学んでいます。でも、心とか情熱は学ぶものではない。

IMPERIAL HOTEL *restaurant français*

備わるものだと思っています。

　学べることはいろいろあるのですが、学校で学べるものと一生をかけて学んでいくものがあると思います。学校では技術を教えてくれて、学ぶことができます。しかし、本来技術というものは一生をかけて学ぶものだと思います。文化に関してもそうです。人というのは生きている限り学ぼうと思えば日々学ぶ生き物だと思います。

　人生において学校で教えてくれないことはたくさんあります。それを習得できるかどうかは、それぞれが心や情熱を持っているか持っていないかの違いでしかない。

　また、美味しい料理というのは"味"が一番大切な要素です。"美味しい"ということは必要不可欠な要素なので、盛りつけに凝りすぎて味が犠牲になっては絶対にいけないと思っています。綺麗なのは良いことですが、そればかりを追求して、味を変えなくてはならないのは本末転倒だな、と思っています。

レストランの規模によって
料理人にリーダーの資質が必要

　料理人によって違うと思いますが、小さな店で少人数のスタッフと一緒に働いているのであれば別にリーダーとしての資質は必ずしも必要ではないと思います。しかし、大きな組織や大きな会社で30人、60人スタッフがいるとなると、やはりリーダーとしての資質は求められてくるので、規模によって違うと思います。

　例えばメニューを考えるとき、まず小さなレストランだったら、スタッフの数が少ないですよね。だから、手をかける時間がない。人手が足りないので細かいことにこだわりきれなくなります。でもスタッフが多くいれば、手をかけられます。だから彼らに、ディテールにこだわったいろいろな仕事を分担させることによって、それを集めたときに、より主食材が引き立つような表現なりアプローチができます。

　4～5人で運営している個人店とレ セゾンのような大きなレストランの違いです。
誤解して欲しくないのは料理のクオリティという意味ではありません。小さいレストランでも大きなレストランでもクオリティというところではそれほど違いは出てこないでしょう。

良い料理のための三大要素

　12年日本に住んで私は変わりました。日本に来たことは大きな冒険だったし、貴重な経験でした。もし、私がフランスにいたならば、今作っている料理は全く違うものだったと思います。
　私にとって良い料理というのは
　「食材」、「味付け」、「火入れ」
　この3つが三大基本、これだけは変わらないと思います。
　料理とは難しいことではなくて本当にシンプルなのです。「食材」、「味付け」、「火入れ」、そこに気持ちが込められる。そこに先ほどから言っているノイズとかディストーションのような「はっ！」とするような要素、その4つの要素があれば良い料理ができるのです。料理はとてもシンプルです。

　私は、朝目が覚めたときからモチベーションが高いのです。料理人という素晴らしい職につけて、素晴らしい職場が与えられていて、生活ができる。ビジネスシーンにおいて成功をおさめたいなどといった、野望はありません。

　ただ単純に自分の近くにいる人を喜ばせたいのです。お客様、スタッフ、上司をリスペクトすること。大きなことではなく、日々、目の前にいる方々を料理を通して幸せにすることを考えています。

2
Les plats et Produits
季節の食材と料理

食材は料理にとってなくてはならないもの、根本的なものです

作りたい料理に合わせて食材を選ぶ

　日本に来て仕事を始めて、わりと早い時期から日本にある食材で対応できたと思います。安心なのはフランスの食材を使うことですが、そのフランスの食材がほとんど手に入ったので問題はありませんでした。

　日本の食材で調理したときに、フランスの食材とは違うことに少し驚きました。例えば、スズキや舌平目です。火を入れたら柔らかくなりすぎてしまいました。美味しくないということではなく、全く違うのです。レ セゾンで作るクラシックな料理に使うときは、スズキも舌平目も日本のものではなくて、フランスやヨーロッパの物の方がいいと個人的に思います。

　それと同時に、沢山の日本の魚も使っています。自分の作りたい料理にあった、ある特定の魚です。その魚の特性を生かした料理が作りたい料理であれば、積極的に日本の魚も使っています。

　例えば、甘鯛、金目鯛、ノドグロ、ハモ……これらはフランスでは見つけられない魚であることは確かです。そして、松笠焼き、たたき、骨切りなどは日本の手法。日本の和食の技術を料理に取り入れていますが、アイデンティティはあくまでもフランス料理として作ります。

　日本に来たばかりの頃も少しだけ日本の食材を取り入れることはありましたが、今のようにフランス料理の主食材として日本の食材を取り入れるようになったのは、来日してから数年後のことです。

自分が食材に合わせたアプローチをしていく

　もちろん食材に対して自分が合わせていくということもあります。レ セゾンのお客様のほとんどは日本人の方なので、日本の食材の何処を美味しいと思っているのか、その食材に何を期待しているのか、そのポイントを知ること、つまりは日本の文化を知った上で料理に取り組むことが大切です。

　一方、そこを理解した上で、逆にお客様の期待を良い意味で裏切るような、想像もしないような方法で、お客様に馴染みのある日本の食材を使うということもしています。

　つまり日本人が美味しいと思っているツボを理解しながら、それをフランス料理に移行していく場合と、お客様が全く思ってもみなかった方法を取り入れる場合の異なるアプローチがあるのです。

食材は料理の中心的な重要な役割を果たすもの

　非常に上質なフォワグラを手に入れたとします。それをエスカロップにカットしてさっとポワレし、塩・胡椒、少量のビネガーをかける料理があるのですが、それだけでとても感動されることがあります。

　結局料理とは何かというとシンプルなことで、食材（produit）、味付け（assaisonner）、火入れ（cuisson）。繰り返しになりますがそれだけです。これは私の料理のフィロソフィーです。

　例えば素晴らしいソースができたとします。そこに素晴らしいガルニチュールがあったとしても、フォワグラが素晴らしくなかったら料理はダメになってしまう、3つ揃っていることが大事です。

生産者の方々の思いを引き継ぎお客様に喜んで頂く

　生産者の方々に実際にお目にかからなくても、その食材に情熱が込められていることが分かります。例えば送って頂いた野菜が手元に届き、箱を開けたときにまだ土がついているものがあったり、綺麗に掃除してきちんと包んであったり様々です。そこで違いというか、どっちが良いとかということではなく、それぞれの食材に込められた思いを感じることができます。

　もちろん最終的にお客様に料理を出して喜んで頂くということが目的ですが、その前に生産者の方々の思いを、私が厨房やレストランのスタッフと分かち合うことが大切で、それが自分の役割だと思っています。

素材を見極める

　食材を見極めることは経験にもよりますし、育った環境にもよりますし、教育にもよります。私は田舎出身なのですぐに分かります。土を見て、食材を見たら良い食材か分かるのです。

　食材に対して敬意を払うということを私は常にスタッフに教えています。食材を作った人、あるいは育てた人に対しての敬意、そして、生き物の命。例えば、鳩は死んだ状態で届きますが、その「死」というものに対して敬意を払いたい。敬意を払わなければいけない、と伝えています。

日本の調味料

　ベアルネーズソースを作るときには、日本にいるからこそ手に入る米酢をつかっています。米酢を使うのだったら白ワインではなくて日本酒の方が理にかなっていて、結果として美味しい。フランスだったら白ワインを使うところを、酒にしているだけで、シャンパーニュ地方だったら？トゥーレーヌ地方だったら？と、その土地にある食材や酒、調味料を使うというのがフランス料理なので特別なことではありません。日本人のお客様も、「ベアルネーズソースが日本酒でできるのですか？」と、とても驚かれます。

　これは一つの例にすぎません。ベアルネーズソースはフランス料理の伝統的なソースです。日本酒を使ったのは好奇心もありますが、せっかく日本にいるのだから日本酒を使って作ってみたのです。白ワインを使って作ったベアルネーズとは違います。フランスで作ったとしてもすごく驚くと思いますが、美味しいので皆様喜ばれるはずです。

　食材を選ぶときは非常に自由で何をしてはいけない、ということは一切ありません。クオリティの高いもの、美味しいもの、傷んでなくて健康であるもの、ノーブルであることが選ぶ基準であり、何を選ぶかは際限なく自由です。フランスだから、日本だからといって食材や調味料の垣根はないのです。だから料理は面白いのです。

帝国ホテル レ セゾンの季節の食材とフランス料理
IMPERIAL HOTEL 'Les Saisons' de Thierry Voisin

季節の食材と料理

printemps
春の食材

Asperge
アスパラガス

Morille
モリーユ茸

Bonite
鰹

Katsuobushi
鰹節

Amadai
甘鯛

Wagyu
和牛

Rognon de veau
ロニョン・ド・ヴォー

Canard
鴨

Fraise
苺

printemps
春の食材

Asperge
アスパラガス

エレガントな春の風味を象徴する野菜
火入れに細心の注意が欠かせない

commentaire du chef

　アスパラガスは春を告げる象徴的な野菜です。しかし、地域によっては春の季節よりも早く収穫されることがあります。

　例えば、ホワイトアスパラガスは南フランスでは12月末、1月、2月、3月に収穫されますが、春に収穫したものと同様にとてもエレガントです。グリーンアスパラガスも南フランスでは1月から収穫されるのですが、最近ではクリスマスの需要に向けて生産を早めて出荷することもあります。

　調理するときは火入れの加減が大切ですが、シャキシャキとした食感を残すのではなく、フランスではしっかり火を入れます。アスパラガスにナイフを入れたときに少し抵抗はあるが柔らかい、というのがフランス人の好みです。サクサクとした歯ごたえではありません。生なのか、または、火を完全に入れるのか、どちらかであり中間のものがありません。

アスパラガスは鮮度が大切です。最近では、ホワイトアスパラガスはジロンド県からくることが多いですね。今はフランスから日本に食材が届くまで一週間もかかることはなく、飛行機なら12時間で届きます。アスパラガスはまるで生きているような新鮮な状態で日本で入手できる。輸送の技術は素晴らしい。

［食材概要］

　ユリ科の多年生植物。地下の茎から伸び出た若芽を食用とする。この若芽がアスパラガスである。地上に伸びる茎と地下を水平方向に伸びる茎があり、その地下茎には多数の根が密集している。若芽は前年に蓄えられたそれらの根の栄養分で成長する。原産地は諸説あるがヨーロッパから西アジアと言われている。古代エジプト、ギリシャ、ローマなどでは薬用や食用に使われていた。フランスでは、アスパラガスはルイ14世の大好物であったため栽培の研究が進み生産が盛んに行われた。

　アスパラガスにはグリーンアスパラガス、ホワイトアスパラガス、紫アスパラガスの3種が市場に多く見られ、最近ではアスペルジュ・ソバージュ（野生のアスパラガス）と呼ばれる軽い苦みがある細いグリーンアスパラガスも栽培されている。ホワイトアスパラガスは、若芽に日を当てないように盛り土をしたもの。紫アスパラガスは芽が少し現れたときに収穫したもの。地上に20cmくらいに伸びたものを収穫したのがグリーンアスパラガスである。

　日本には江戸時代後半にオランダより観賞用植物として伝わった。本格的に栽培が始まったのは、大正後期。北海道にて缶詰用のホワイトアスパラガスの生産が始まり寒冷地に適した加工野菜として注目を浴びた。以降、北海道、東北、中部高冷地を中心に栽培が盛んになった。

　1965年頃からグリーンアスパラガスのフレッシュな食感と高い栄養価が認識され生産量が急激に増えて、現在の日本のアスパラガス市場の主流となった。季節を問わず市場のニーズがあるので、8月から10月はオーストラリア、メキシコ、ニュージーランドなどからの輸入も増える。

　また、運送技術の発展とグルメ志向の高まり、また、旬を感じる食べ物に重きを置く日本人の性分と合わさって鮮度のよいホワイトアスパラガスのヨーロッパからの輸入が注目されている。

フランスから空輸されるホワイトアスパラガス。日本にいながらにして新鮮な状態で味わえる。デリケートな野菜なので丁寧に扱う。

柚子が優しくほのかに香るソース。

IMPERIAL HOTEL *restaurant français*

ホワイトアスパラガスのフランス風 柚子香るムースリーヌと一緒に (recette→P258)
Asperges blanches à la française, mousseline au yuzu

寒冷地である北海道で育った高品質で凛とした新鮮なグリーンアスパラガス。

IMPERIAL HOTEL *restaurant français*

トリュフを羽織ったグリーンアスパラガス 梅干しのシャンティイー (recette→P259)
Asperges vertes laquées à la truffe, chantilly umeboshi

printemps
春の食材

春の訪れを知らせてくれるキノコは香りと食感が魅力
commentaire du chef

　モリーユ茸は春を知らせるキノコです。フランスでは非常に高級な食材です。特に山奥で収穫するという訳ではありません。草地や林間のはずれなど身近なところに生えているのですが、予想もしないようなところに生息しているため実際に見つけるのは難しい。しかし、偶然に以前働いていたレストランがあるシャンパーニュ地方では、沢山のモリーユ茸を見つけることができました。日本にもモリーユ茸は自生していて、妻が皇居で見つけたことがあります。

　モリーユ茸の魅力は、香りと食感です。ですから、火を入れたらすぐお客様に提供したいのです。

　モリーユ茸にはグリーンアスパラガス、ホワイトアスパラガスがとても合います。モリーユ茸と同じように春の野菜、春に見つかる食材と相性が良いのです。その他にはオマール海老や、家禽類、魚、鴨、牛など多くの食材と合います。

　今回ご紹介するラングスティーヌとモリーユ茸の組み合わせは確実に合う食材と言えます。ホワイトポートのレデュクションとモリーユ茸のジュ、ラングスティーヌのフュメ、バター、くるみオイル、この料理を美味しくないと思う人はいないでしょうから。

Morille
モリーユ茸

[食材概要]

　アミガサタケ科の春のキノコ。3月から5月に採れる。フランスを始めヨーロッパでは高級なキノコとして好まれているが、日本では食べる習慣がほとんどない。日本に生息することは確認されているが、採取されたモリーユ茸はほとんど市場で見ることはなく、生のモリーユ茸（乾燥も含め）は輸入に頼っている。

　頭部は卵形、球形、または細長い球で蜂の巣状に多くの深いくぼみがある。色は種類により黄褐色から黒褐色などあり、茎は白っぽいクリーム色をしている。笠と茎はひとつながりになっており、中は空洞になっている。

　モリーユ茸には多くの品種があるが、アミガサ茸 morille comestible、黒モリーユ茸 morille noire、灰色モリーユ茸 morille grise など。笠の黒いものが特に好まれる。採取ができるのは短い期間なので水煮やオイル漬けなどに加工、または、乾燥させて保存する。乾燥させると風味が増す。生食すると中毒を起こすこともあるので十分加熱する必要がある。

　調理する際は、深いくぼみがあるので、ヒダを壊さないように丁寧に洗い、土や砂、巣くっている虫を取り除く。

　モリーユ茸は香り高いキノコであり、肉料理の付け合わせやオムレツの具、また、ポタージュやソースの風味を高めるために使われる。バターでエチュベしたり、クリームで煮たり、マデラ酒で風味付けすることが多い。

IMPERIAL HOTEL *restaurant français*

左：蜂の巣のような小さな穴が沢山笠に空いている形状が特徴的。いろいろな品種があるが色が黒いモリーユ茸が特に好まれる。
右：ラングスティーヌの甘みとプリッとした食感はモリーユ茸と好相性。

シンプルにポワレしたラングスティーヌ フランス産モリーユ茸を添えて（recette→P260）
Langoustine simplement poêlée aux morilles

IMPERIAL HOTEL *restaurant français*

printemps
春の食材

[食材概要]

　世界中の暖かい海で見られるサバ科の回遊魚。群れをなして昼夜高速で泳ぎ続ける。語源はラテン語のbonus「よい」から派生したスペイン語のbonito「鰹」。デュマは鰹がボニートと言う名前に現れているように良質であり、マグロより美味であると食通たちに評価されていると著書で記している。フランスでは鰹はマグロと同様に調理されることも多い。

　主に背中に縞のあるボニート・ア・ド・レイエbonite à dos rayé別名ペラミッドpélamideは日本でいうハガツオを指す。西太平洋、インド洋沿岸に広く生息する。体長は50cmから1m程度の大きさになる。

　腹側に数本の縞がある鰹はボニート・ヴァントル・レイエbonite à ventre rayé 別名リスタオlistao。日本で主流となるホンガツオ、または、マガツオを指す。地中海やビスケー湾に分布する。

　日本では鰹は「日本書紀」に記載があり古くから食されていたようである。刺身として食べるようになったのは鎌倉時代。武士や貴族たちは鰹を刺身として食べていたが、江戸時代には広く人々に普及した。鰹料理と言えば「たたき」だが、三枚におろした身をわら火で焼き、にんにくや葱などの薬味と味を馴染ませるために包丁の背でたたくことから「鰹のたたき」という名がついたと言われている。

　一般的に九州や四国では脂の少ないあっさりした身を刺身で食べることを好み、関東以北は、脂の乗った秋の鰹を好む傾向にある。

　世界中に分布区域がひろがっているが、日本には、初夏に台湾海峡から沖縄、九州、四国、伊豆、房総沖と日本列島に沿って北上し、夏には北海道近くまで現れ、水温が下がるにつれて、南の海に帰っていく。

Bonite

鰹

調理方法で素材の魅力が引き立つ
日本が美味しさを気づかせてくれた魚

commentaire du chef

　鰹はヨーロッパでも漁獲される魚ですが、フランスではあまり使わなかった食材です。フランスの家庭料理だとブレゼにしますが、あまり好みではありません。煮込んでしまったら鰹は美味しくないと思います。火を入れるならば、カツオの身の真ん中の色がロゼくらいの方が美味しいですね。

　鰹は日本が教えてくれた魚、日本で発見した魚です。和食を食べに行ったときに、よく刺身やたたきで鰹を食べました。

　ご紹介した料理は春のエスプリを表現しました。鰹の下にアスパラガスを、日本酒を使ったベアルネーズソース、そして、桜。この料理は完全に日本の影響です。

　ヨーロッパでは鰹はマグロと同じような扱いになることが多く見られます。似ているけれど、全く違う魚です。でも、混同している人が多くいて残念です。

左：鰹を炭火で焼いていく。身の中央の色がロゼになるように火を入れる。
右：グリーンアスパラガスをバターで焼き色がつくようにロティする。

備長炭で焼きあげた鰹の炭火焼 桜のベアルネーズソースとグリーンアスパラガス (recette→P261)
Bonite grillée au feu de bois, béarnaise cerise et asperges vertes

printemps
春の食材

鰹節 Katsuobushi

日本古来の伝統保存食で新たな料理への挑戦

commentaire du chef

　フランスにいたときから鰹節のことは知っていましたが、自分の料理に使うことは考えられなかった食材です。チャンスがなかった、想像していなかったと言った方が良いかもしれません。

　日本に来てから、鰹節を作っている九州（鹿児島）の工場に見学に行きました。魚があって、ポシェして、燻製にして、天日干しして…。実際作っているところに行ってインスピレーションを得ました。

　鰹節はブイヨンにするだけではありません。香り付けに使うと素晴らしい。何にでも使います。魚にも肉にも野菜にも、バターやクリームとも合います。一番素晴らしいのは鰹節のクリームです。私が料理を作るときにハッとする驚きを与えるような、不意にやってくる思いがけない要素を表現できるからです。

　ある日、息子の誕生日にレストランに行ったときに、鴨節（鴨を鰹節の方法で鴨節にしてある）でとったブイヨンを頂いたのですが、それは、本当に素晴らしいと思いました。そして、私は、ホタテの貝柱をポシェして乾燥させてホタテ節を作りました。ホタテ、フォワグラ、ホタテの順にミルフィーユ状にしてポワローで巻き、鴨のブイヨンを注いでホタテ節をかけました。鰹節からのアイディアです。

[食材概要]

　鰹節はカツオの身から作られる、日本固有の保存食であり伝統調味料として使われる水産加工品。世界一堅い食べ物と言われている。鰹以外の魚、サバ、マグロ、イワシなどでも節は作られ、鰹節以外の節を総じて雑節と言う。

　室町時代以降の文献に登場しているが、現在のようにカビ付け法が行われるようになったのは、江戸時代であり、鰹漁で有名な土佐藩（現高知県）が鰹節の改良と普及に努めた。伝統的な鰹節の主な生産地は鹿児島、高知、静岡、千葉。

　鰹節は様々な行程を経て製造されている。まず、鰹を三枚におろし、2つ、または、4つ割りにして煮籠に並べて熱湯で煮る（煮熟）。冷ましてから骨や皮などを取り除きせいろに並べ、ナラ、クヌギ、カシワなどを熱した火の上で、加熱して水分を抜く（焙乾）。この段階で出荷される物を「なまり節」という。

　最初の焙乾を一番火といい終了後、鰹のすり身でひび割れや欠落などを調整。更に一日一度火を入れる焙乾作業を何度も繰り返す。この段階で出荷するものを「荒節」、「鬼節」という。数日間天日干しした後で、形を整える。この段階で出荷するものを「裸節」「若節」「新節」などという。再度天日干した後、カビ付け箱にいれて冷暗所に置き、表面にカビをつける。これを一番カビという。更に、天日干しをし、カビを振り落としたあとにカビ付け箱に入れ同じ行程でカビ付け作業を繰り返し、通常4回処理を行う。この段階で出荷するものが「本枯れ節」と呼ばれる。

　鰹節は初夏に黒潮にのって北上してくる脂身の少ない鰹を原料としてきた。鰹節に向く鰹は、生肉の脂肪含有率は2％前後と言われており、通常の鰹は2.9~4.3％粗脂肪分があるので適していない。ゆえに鰹節は低脂肪、高タンパク質のバランスのよい食品と言える。更に、イノシン酸が多く含まれており、旨味成分を多く含有する。動物性食品や植物性食品のグルタミンと合わさることにより、旨味の相乗効果を増す食品である。

　フランスでは日本から鰹節を輸入することは出来ないが、ブルターニュに鰹節工場を日本の水産加工会社と鰹節関連会社などが設立。上質な鰹節を手にすることができるようになった。

IMPERIAL HOTEL *restaurant français*

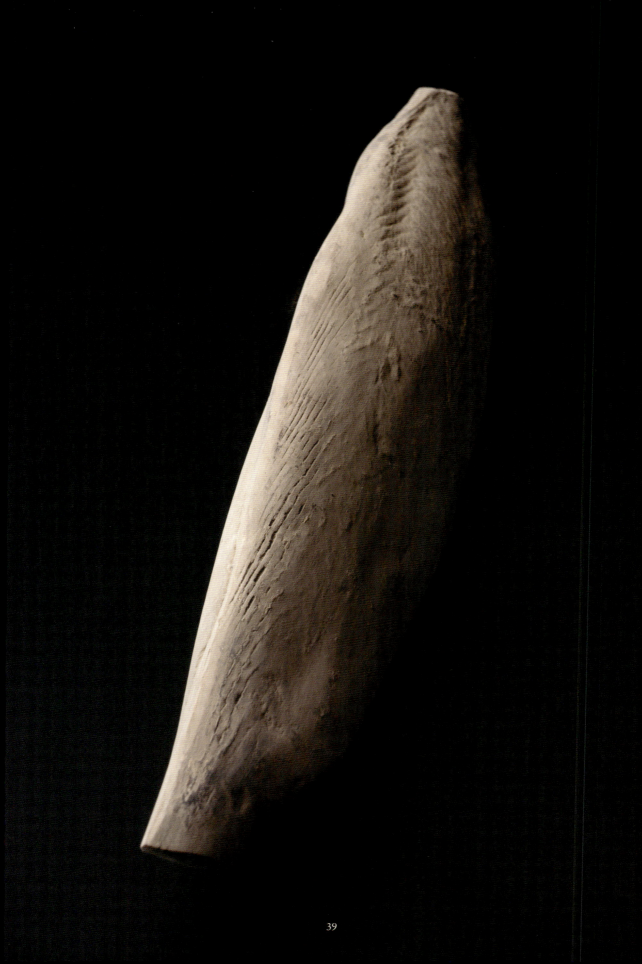

ニョッキはポワローのジュレでラッケすると緑色の綺麗なベールに包まれる。

鰹節でとる出し汁は料理にコクと旨味、そして豊かな香りをつける。

パリジャンに見立てて ポワローとじゃがいものフォンダンをチキン風味のジュレの上に
鰹節クリームとキャビア添え (recette→P262)
Comme un parisien, poireaux et pommes de terre fondants sur une gelée de volaille, crème de katsuobushi, caviar

printemps
春の食材

Amadai
甘鯛

上品な甘みと柔らかい身を持つ高級魚
日本の繊細さを表現できる食材

commentaire du chef

　甘鯛はフランスには生息していない魚です。

　日本のスズキや舌平目があまりにも自分の好みの魚ではなくがっかりしていたので、甘鯛を食べたときは「これだ！」と思いました。身がしっかりと引きしまっていて、だけど柔らかい。甘鯛は自分にとって日本を表現する食材の一つです。

　甘鯛を初めて食べたのは和食の松笠焼きでした。鱗がサクサクしていて面白いと思いました。松笠焼きのカサカサとしてハラハラと崩れる鱗、しっとりとした優しい、でも引きしまっている身が美味しくて驚きました。

　暖かいものと冷たいものや、カリッとしたものと柔らかいものなど料理では非常に対比が面白い要素になってきます。

　行者にんにくは非常にエレガントな香りで強すぎず甘鯛と合うと思います。今回紹介した料理は日本人の繊細さを表現した一皿です。

[食材概要]

　スズキ目アマダイ科。見た目や名前からタイ科の魚と錯覚するがスズキの仲間。アカアマダイ、シロアマダイ、キアマダイが主要3種であり、一番収穫量が多いのは、アカアマダイ。目の斜め後ろ側に銀白色の斑があり、識別しやすい。本州中部以南から東シナ海、南シナ海に分布、水深100m前後に砂泥底に巣穴を掘り、魚、甲殻類、貝類、イカなどを食べて生息する。

　日本では古くから高級魚とされており、京都ではグジと呼ばれ懐石料理などに欠かせない魚である。身は白身で柔らかく上品な甘みがある。一方、身質がとても柔らかいのは、身に水分を多く含んでいるためであり、鮮度が落ちやすいので注意が必要である。

　先人たちの知恵で適度に水分を出し、旨味を引き立てる保存法や調理法が施されてきた。例えば、若狭グジ。漁獲したばかりの甘鯛に一塩施すことで体色をより鮮やかにすると共に身を引き締める効果が期待でき身崩れを起こしにくくなる。あまり生食には向いていないが、昆布じめなどにして刺身や寿司にする。また、焼き物、蒸し物などにしても風味よくいただける。堅い美しい鱗をつけたまま焼く調理法もある。

　山口、長崎、島根、福井などで水揚げされる。

　甘鯛の産卵期は6月頃から10月頃にかけてであり、この時期を避けた秋口から春先までが旬と言われるが、地域により異なり、一年を通して手に入る。

上：寒冷地で春に芽吹く行者にんにく。長い年月をかけて成長することにより、力強い生命力と繊細さが共存する。
左：鱗のサクサク感、甘鯛の柔らかさ、モワルの食感、行者にんにくの香り、全てがバランスよくミックスされている。

甘鯛の松笠仕立て 行者にんにく じゃがいものフォンダンとモワル（recette→P263）
Amadai sur ses écailles croustillantes, gyojaninniku, pommes fondantes et moelle

IMPERIAL HOTEL *restaurant français*

printemps
春の食材

日本で飼育される和牛の圧倒的で繊細な味わい
commentaire du chef

　和牛は日本のアイデンティティです。"日本の和牛"ということは、他の国で飼育された和牛ではなくて日本で飼育された和牛です。はっきりとしたアイデンティティがあると思います。

　初めて食べたとき、ついに信じられない牛肉に出合ったと思いました。フランスの牛肉はとても堅いというか乾燥しているのです。

　今までに2回、牛肉で忘れられないものがあります。一つ目がダブリン（スコットランド）のアンガス牛。そして、二つ目が和牛です。

　レ クレイエールではアンガス牛を使っていました。美味しい牛肉で素晴らしかった。しかし、当時狂牛病が発生して、ダブリンのアンガス牛が使えなくなりました。アメリカやアイルランドでもアンガス牛を飼育していますし、フランスでも飼育している人はいます。しかし、ダブリンで飼育されたアンガス牛ほどのものには出会えませんでした。カリフォルニアでシャンパーニュを作るのと一緒だと思います。素晴らしかったのはアイデンティティです。シャンパーニュで例えると土壌と言えるでしょうか。

　和牛を生かす調理法はグリルでもポワレでも、ポシェしても生でも、何通りでも美味しく食べられますが、A3以下の和牛やスネ肉などはブレゼにするとなお美味しい。

和牛 Wagyu

[食材概要]

　和牛とは日本固有の肉専用種であり黒毛和種、褐毛和種、日本短角種、無角和種の4品種を指す。

　日本に牛が伝来したのは縄文時代末期から弥生時代、大陸から朝鮮半島を経て入ったと言われている。古来、日本では牛は食用というよりは搾乳や農家などで貴重な労働力、役用種として大切に飼育されてきた。明治時代以降、牛肉の需要が高まり役肉兼用として牛の改良が進んだが、戦後、西洋料理の急速な普及、また、農業の機械化により役用種としての必要性が少なくなったことにより、食用のためだけの牛の品種が求められるようになった。欧米の乳用種や肉用種などと交配させ高品質な肉用種を生み出すために品種改良が進んだ。

　国内で飼育される和牛の中で90％以上を占めるのが黒毛和種。松阪牛、神戸牛などの銘柄牛が有名であるが、昨今、更なる牛肉の需要に応えるために、高品質で特徴的な肉質を打ち出したブランド和牛が全国各地で生産されるようになってきている。

　肉の質は、肉と脂肪の混ざり具合、肉の色味と光沢感、肉質のしまり具合やキメの細かさ、脂肪の色と質により判断される。和牛は、肉質のキメが細かく、鮮やかな赤い身と脂肪が綺麗に混ざりあった霜降り状態によりジューシーで柔らかな食感が生まれる。繊細で芳潤な肉本来の香りで日本人の舌をうならせている。ちなみに、和牛といっても海外で飼育していることもあり、和牛＝国産とは限らないので確認が必要である。

上：ベルナール・アントニー氏のコンテチーズ。ジュラから届くこだわりのチーズは40ヶ月から48ヶ月のものを丸ごと購入。
下：コンテチーズとじゃがいもを何層にも重ねてミルフィーユ状に。グラタン・ドフィノワーズをイメージ。

和牛サーロインとインカのめざめの熟成コンテチーズ風味
野菜のローストとビーフのジュ （recette→P264）
Pièce de bœuf au sautoir, Inca no mezame au vieux Comté, légumes rôtis et jus de bœuf

printemps
　春の食材

Rognon de veau
ロニョン・ド・ヴォー

鮮度と品質の良い内臓料理は希少価値

commentaire du chef

　羊や雄鶏のロニョンも使いますが、仔牛のロニョンが私は一番好きです。日本ではなかなか食べて頂く機会が少ない食材です。

　脂がロニョンの周りにしっかりついているのが上質な証拠です。脂の色が白く、ロニョン自体は白に近い明るいピンク色であることが大事です。調理するときは美味しい脂があった方が良いので、脂は完全にとらないようにします。

　日本人のお客様はロニョンに興味を持っていらっしゃるようです。内臓料理ですがお好きな方は本当にお好きですから。

[食材概要]

　ロニョンとは食用家畜の腎臓のことを指す。赤いアバ*に分類される内臓。家畜を解体するときに精肉以外の副産物として得られる内臓であるが、（動物によって価値が変わるが）牛や豚など一頭から取れる量は少なく、また、鮮度を保つことが難しいので貴重品とされている。豚と羊の腎臓は空豆のような形をしており一対だが、牛と仔牛の腎臓はいくつかの房に分かれている。日本では豆と呼ばれることもあり、また、英語ではキドニーという。

　一般的にロニョンを調理するときは周りについている脂肪は全て、または一部取り除いてから調理する。仔牛の腎臓は周りの脂（ケンネ脂）を少量残して焼くと、脂が溶け出し、旨味が増す。注意しなくてはならないのは、腎臓は老廃物や水分を取り除き、尿を作る器官であるため、尿の匂いが残っていることがある。そのようなときは、調理前に湯通しし、水気をよく切っておく。

　独特の風味と食感があるが、仔牛、仔羊、乳飲み豚などの成長前の一部の家畜の腎臓は柔らかく風味が良い。仔牛の腎臓は一番クセがなく柔らかい。

注*アバ：フランスでは畜産副産物（臓物類）のことをアバという。内臓類をはじめ、頭やテール、足など精肉以外の食用となる部分。ほとんど処理をせずに販売する物（腎臓、レバー、タンなど）を赤いアバと区分する。

IMPERIAL HOTEL *restaurant français*

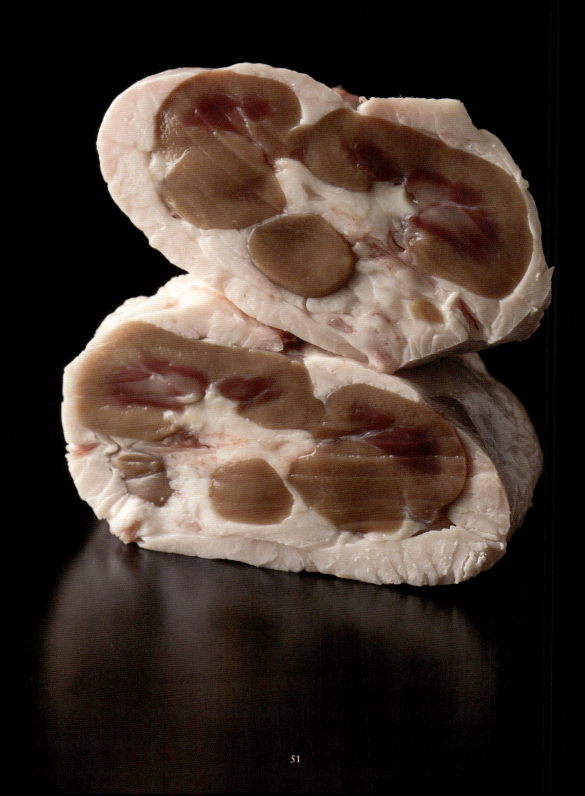

ロニョン・ド・ヴォーは脂肪を少し残したまま厚めにカットして、一気にフライパンで焼く。

厚切りにした仔牛のキドニーとトリュフを香らせたクリームたっぷりのセロリ
フランボワーズ風味の玉葱のチャツネと一緒に （recette→P265）
Rognon de veau en tranches épaisses, céleri crémeux à la truffe, chutney d'oignons à la framboise

IMPERIAL HOTEL *restaurant français*

世界の多くの人々から愛好される家禽
commentaire du chef

　現在、日本産の真鴨*をご提供していますが、日本産の鴨はフランスの鴨ほど個性を主張しておらず、味がそこまで強くはっきりしていません。しかし、日本産の鴨も本当に美味しい。ですから、調理方法などはフランス産の鴨と日本産の鴨で変えることはせず、同じように調理します。茸、果実、野菜などと相性が良くポシェしてもロティしても美味しい。幅広い食材と合わせて調理します。

　個人的には、酸味をつけられる果実と合わせるのが好みです。マンゴー、パイナップル、もも、洋梨などどこか酸味のある果実にレモン汁や生姜汁、ビネガーでそれらの果実の酸味を強めて使います。

　今回ご紹介した料理は鴨を調理するときに骨付きのまま加熱しているということが重要です。一度火を入れた後に骨をはずして、モリーユ茸のファルスをつけて焼いている。ソースは赤ワインを使ったサルミソースです。

注：*2017年1月現在、家畜の鴨を使用するときは、日本産の真鴨を使用。

Canard
鴨

[食材概要]

　ガンカモ科に属する水生の鳥類。世界の広範囲な地域に生息しており、その種類も多い。野生の鴨canard sauvergeと飼育鴨canard domestiqueの2種がある。鴨の飼育は古代ローマで始まり、フランスでは交配により多くの品種を飼育している。一般的にナント鴨canard nantais、バルバリー鴨canard de Barbarieの2種が多く生産され市場でよく見かけられる。また、ルーアン鴨canard rouennaisは絞め方に特徴があり、窒息死させることにより血が身体全体に回り肉が赤色になる独特な風味と香りで窒息鴨canard étufféと呼ばれ人気がある。また、ヴァンデ地方のシャラン産鴨も有名である。

　鴨というと野鳥である真鴨が珍重されることが多いが、中国では2000年以上も前から真鴨を飼育し、家禽化している（家鴨）。北京ダックとして有名である。

　日本においても鴨は古くから食べられていた。食肉禁止令がある中で捕獲に規制があまりなかったこともあり人々に普及した。特に、江戸時代に庶民のご馳走として鴨料理は評価が高かった。国内で鴨肉として流通しているのは、真鴨、真鴨とアヒルの交雑種（合鴨）、アヒルを家禽化した物などがある。日本では慣例としてcanardをアヒルと訳さず鴨と訳すことが多い。

IMPERIAL HOTEL *restaurant français*

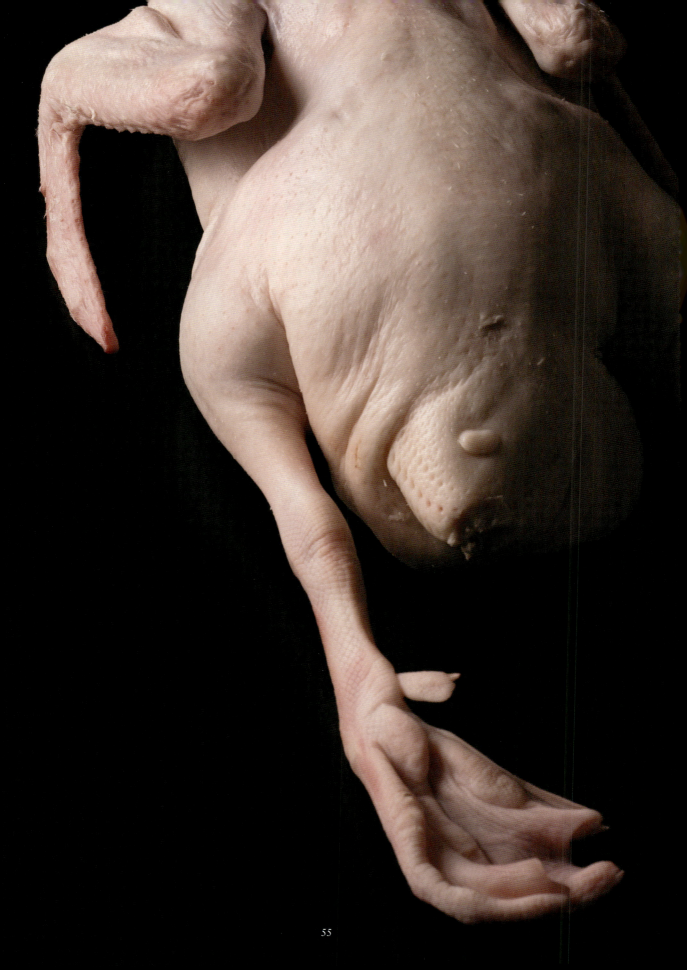

上：春を運んでくる青豆。一つの食材が添えられるだけで料理の印象は大きく変わる。
下：鴨のブイヨンに、春野菜と鴨のパテが添えられる。

フランス産モリーユ茸のクルートを覆った鴨 春野菜を入れたブイヨンとパテ（recette→P266）
Canard en croûte de morilles, la cuisse servie en bouillon printanier

printemps
　春の食材

Fraise
苺

愛らしいフォルムと鮮やかな紅赤の果実

commentaire du chef

　日本の苺の旬は12月から始まります。最初に日本に来たとき、苺が12月から出始め3月ぐらいに終わってしまうと聞き驚きました。フランスでは5月頃から市場に出始め7月ぐらいまでが旬です。

　フランスと日本では、同じ苺といっても様々な品種がありクオリティに幅があります。品質の良い苺を購入しなくてはいけません。日本の和食料理のお店では、氷菓子として苺が出てきます。有名な優れた料理人にとって高品質な苺さえ選べば何も手を加えないでデザートになってしまう、それくらい日本の苺が凄いということを理解しました。

　フランスの品種でいうと、マラ・デ・ボワという苺が個人的に好きです。

　苺は子供の頃の幸せな思い出と結びついています。祖母のエルミーヌが庭の菜園で苺を育てていたからです。庭で収穫した苺の実をそのまま頬張っていました。

[食材概要]

　バラ科。古代ローマ時代には病気の治癒のために、また、中世では不老長寿の食べ物として苺は食べられていたが、現在のような苺ではなく野生種が食べられていた。

　18世紀、北アメリカ原産のヴァージニアイチゴと産アメリカ原産のチリイチゴを交配してできたオランダイチゴがヨーロッパやアメリカに広がった。野生種より大きい粒の苺が栽培が可能になることにより長期間食べられるようになった。円錐形や球形、ハート形などをした赤く愛らしい苺が誕生した。爽やかで甘酸っぱい果実は国や年齢を問わず愛されている。

　フランス産の苺は5月から7月ぐらいまでが旬であり10月頃まで市場で見られる。

　フランスには多数の品種があるが、ガリゲットgariguetteやマラ・デ・ボワmara des boisなどが市場でよく見られる。

　涼しい気候を好む果実であるが、温帯〜亜寒帯の幅広い地域で生産されている。また、果実の中でも非常に多くのビタミンCを含んでおり、「ビタミンCの女王」と言われることもある。果実は傷みやすいため取り扱いや保存に注意する必要がある。

　野生種の苺はもともと日本にも生息していたようであるが、日本に栽培苺が伝わったのは江戸末期、オランダから伝わり、明治以降本格的に栽培された。戦後、品種改良と栽培技術の発展により飛躍的に栽培量が伸び、現在では盛夏を除きほぼ通年栽培されている。もともと苺の旬はフランスとほぼ同じ時期5月から6月が最盛期であった。食習慣の変化にともない需要時期が早まり、現在、苺の生産は促成栽培により生食栽培がほとんどである。全国各地で様々な品種が栽培されている。とちおとめ、さがほのか、あまおう…など

　ジャムなどの加工品には輸入品種が使われることが多い。

　ちなみに、日本では苺は農林水産省により正確にはスイカやメロンと同じように果実的野菜に分類されている。

IMPERIAL HOTEL *restaurant français*

フリュイルージュのヴァシュランに見立てたデザート 軽やかに クリーミーに 願いをこめて （recette→P267）
Comme un petit vacherin aux fruits rouges, léger et crémeux à souhait !

IMPERIAL HOTEL *restaurant français*

苺とルバーブのスープ仕立て 山葵を効かせたアイス（recette→P268）
Soupe de fraises et rhubarbe relevée d'une glace au wasabi

野菜農家を訪ねて

" ジャン・ポール氏はレ クレイエールでプチガーデンの世話をしながらレストランで使うハーブなどを育てていた。定年退職後は自身のファームで野菜やハーブや果物を栽培し、レ クレイエールや他のレストランに卸している。

IMPERIAL HOTEL *restaurant français*

"虫や蜂が共存する自然豊かなファーム。洋梨や林檎、苺などのフルーツも栽培している。

" レ クレイエールでシェフをしていた頃、ジャン・ポール氏とは、どのようなハーブを作ろうかとよく話し合ったという。「いつも土に触れて、土に近いところで暮らしてきたジャン・ポール氏は、凄くポジティブなエネルギーにあふれている人です。」とヴォザンシェフ。

帝国ホテル レ セゾンの季節の食材とフランス料理
IMPERIAL HOTEL 'Les Saisons' de Thierry Voisin

季節の食材と料理

été
夏の食材

Sazae
サザエ

Sardine
サルディーヌ

Homard
オマール海老

Daurade royale
鯛

Hamo
ハモ

Jarret
スネ肉

Cochon
豚

Agneau de lait
乳飲み仔羊

Ris de veau
リ・ド・ヴォー

Pêche
桃

Fruits Exotiques
エキゾチックフルーツ

été
夏の食材

日本で出会った貝の食感にインスピレーションが沸く
commentaire du chef

　サザエの食感は非常に興味深いです。日本に来てから知り、好きになった食感です。サザエはいろんなインスピレーションを私に与えてくれる食材です。個人的にはごく短い時間ソテしたときの食感が好きで、出汁などと一緒に真空にして煮て柔らかくするのはあまり好きではありません。歯ごたえがある程度にさっとソテする、噛み応えのある方が好きです。フランスにはビュロという巻貝がありますが、似ているようで少し違います。食感としてはアワビに近いと思います。

　今回ご紹介したお料理には甘み、それから塩の味、酸味、苦みの要素が揃っています。一番大事なのは新鮮な良い食材を選ぶということ。あとは他の料理も同じですがキュイソン、アセゾネが大切です。

Sazae
サザエ

[食材概要]

　古腹足目リュウテンサザエ科の巻貝。多くの品種があるが国内で食用されるのは数種類であり、サザエはその中でも代表的な存在である。北海道南部から九州まで生息する。波の荒い浅い岩礁に住み、海草類を主食としている。

　堅い殻を持ち、円錐形をしている。殻の高さは5〜6cm程度のものが市場では多く流通しているが、10cmくらいの大きさにもなる。表面はデコボコしており、角のような管状の突起を持つ。一方、表面にあまり大きな突起がないものもある。サザエが外洋の岩礁にいると突起が長くなり、内海のように波が穏やかなところで成長すると突起が大きくならないといわれている。味には両者に差はほとんどない。昼間は海女による潜水、夜は夜行性である習性を利用して底刺し網で漁獲する。

　購入するときは必ず生きたもの、蓋をしっかり閉じているものを選ぶとよい。食感はしっかりしており、「ふんどし」と呼ばれる外套膜には苦みがある。代表的な食べ方は焼き物であるつぼ焼きの他、刺身や揚げ物、混ぜご飯などに調理される。

　フランスにサザエは生息しないが似た巻貝がある。

上：サザエの身を貝殻から取り出し、エマンセにしたところ
下：皿にソテしたサザエや野菜を盛りつけたところ

サザエの薄切りソテ 青豆のブイヨン 日向夏の泡 (recette→P269)
Sazae tranché puis sauté à cru, bouillon petits pois, écume hyuganatsu

été
夏の食材

[食材概要]

ニシン目の小型魚。比較的安価で栄養価も高く、庶民の強い味方。世界各地の温帯地域に分布し、プランクトンを食べ群れをなして回遊する。フランス語でイワシのことをサルディーヌsardineというが、イワシがサルディニア島の近くで多く漁獲されることから「サルディニア島の（魚）」と名付けられたと言われている。

フランスでは主に春と夏の魚であり、グリエ、揚げ物、詰め物をしてオーブンで焼いたりする。また、新鮮なものはテリーヌやマリネして食べる。

イワシは鮮度が落ちやすいため燻製や塩漬けにしたりオイル漬けにして保存していた。1824年にナントにイワシの缶詰工場が出来て以来、バスク地方やブルターニュ地方で缶詰工業が盛んであったが漁獲量が減り、現在はセートやマルセイユなどが重要な拠点となっている。

日本ではイワシというと、マイワシ、ウルメイワシ、カタクチイワシが代表的な3種である。イワシは足が早い魚であり丸干し、目指し、煮干し、稚魚はしらす干しなど干物など万人に好まれる加工品になることが多い。流通手段の発達により、一般の食卓にも鮮度の良いものが手に入るようになり刺身、煮物、焼き物などが楽しめるようになった。

Sardine
サルディーヌ

美味しいサルディーヌと出会うには鮮度の良いものを選ぶ
commentaire du chef

通常は三重産のサルディーヌを使っています。サルディーヌの身の引き締まり方がすごく好きです。寿司にしたときなどによくわかるのですが、クッと引き締まった身、だけど口に入れると柔らかさがある。フランスでは、サルディーヌは塩でマリネして生で料理に使う方法と、火を入れて食べる2通りの食べ方があります。私は、夏にバーベキューで食べるのが好きな魚です。購入するときは他の材料と同じですが新鮮なものを選ぶことがとても重要です。例えば、蝦夷鹿でしたら2週間休ませなくてはならないのですが、サルディーヌに関しては特に傷みやすい魚でもありますから、新鮮であることが大切です。そのためレ セゾンでは毎朝新鮮なものを手に入れています。

フランスの好きな産地はブルターニュとかヴァンデ地方です。

上：サルディーヌでクロカンレギュームを挟んだところ。魚の形に整える。
左下：頭のブイヤーベース仕立てと山椒風味のルイユ
右下：サーディンオイルを香らせたロワイヤルにバジルとオリーブのクルスティヤンを添えて

サーディンを3種の調理法で 新鮮なまま酢橘でマリネしてクロカンレギュームと
頭のブイヤベース仕立てと山椒風味のルイユ
サーディンオイルを香らせたロワイヤルにバジルとオリーブのクルスティヤントを添えて（recette→P270, P271）
Sardines: marinées au sudachi et légumes croquants, les têtes en bouillabaisse et rouille au sansho, à l 'huile en royale au basilic et croustillant à l 'olive

été
夏の食材

Homard
オマール海老

[食材概要]

十脚目アカザエビ科の歩行型のエビ。英語表記はロブスター。通常体長は約30cm、重量は300~500gであるが75cmくらいにもなることもありエビ類の中では最も大きい。身は白く締まっていて上質であり珍重される。全方の脚が大きな一対のハサミになっているので見た目は淡水型のザリガニに似ていることからウミザリガニ écrevisse de mer と呼ばれることもある。食材として使われるのは2種に大別できる。オマールヨーロピアン homard européen とオマールアメリカン homard américain である。

オマールヨーロピアンは紫または緑がかった濃い青色であり、クリーム色の斑点がある。大西洋、ノルウェーから地中海にかけて生息する。オマールアメリカンはオマールヨーロピアンより茶褐色が強くやや丸みを帯びている。カナダの東海岸ニューファンドランド・ラブラドール州からアメリカのノースカロライナ州の大西洋沿岸に分布している。どちらのエリアのオマール海老も保護の対象となっており養殖の試みもされているが、依然高価である。

フランスではブルターニュ産のオマール海老が有名であるが、最近では収穫量が少なく高価で特別な食材である。日本では近年カナダやアメリカのオマール海老が輸入され流通していることが多い。

オマール海老は生きているもの、傷がなく脚が切断されていないものを選ぶ。料理するときは、生きたまま沸騰した湯にいれて丸ごと茹でたり、切り分けて調理する。

オマール海老を使った料理は高級感があり評判が高い。コキーユ、サラダ、アスピック、スフレなど様々な調理法がある。

堅い甲羅に覆われた海の枢機卿は繊細な火入れが肝心
commentaire du chef

　オマール海老はブルターニュ産を使うことが多いのですが、最近は、オマールブルターニュとは言わないでオマール・ブルーとかオマールヨーロピアンと呼ぶようになりました。ブルターニュの海から連れてこられていないものは、ブルターニュ産オマールとは言えないからです。オマール海老は必ずしもブルターニュの海で獲れたものが一番とも限りません。スコットランドの北の方で獲れたものでもブルターニュ産と同じくらい美味しいものもあります。フランス人はフランスひいきなのでブルターニュ産が美味しいと言いますがそうとも限りません。

　調理するときは火を入れすぎないことが一番大事です。短時間で加熱をすることです。オマール海老を調理するときは柔らかくて甘みのあるソフトな食感を大切にします。少しでも火を入れすぎるとすぐに堅くなってしまいパサパサしてしまいます。

IMPERIAL HOTEL *restaurant français*

左：威風堂々としたオマール海老の姿は迫力がある。
右：卵を持っている雌は最も美味しく旨味が増すと言われている。

上：オマール海老をクールブイヨンで茹でる。茹でる前に尾の先から串を刺して生きたまま茹であげる。
下：火が入りすぎると堅くなるので細心の注意が必要である。茹であがるとオレンジ色に体色が変化する。

マンゴー好きなオマール海老 (recette→P272)
Le homard aime la mangue

IMPERIAL HOTEL *restaurant français*

ジャスミンの香りがする豆腐の上に
マンゴーのジュレをかけて冷やし固める。

ジャスミン豆腐、オマール・ブルー、ハーブクリームなどを皿に盛りつけ、お客様の目の前で甲殻類のソースを注ぎ入れる。

オマール・ブルー クリーミーなスープ ジャスミン豆腐とマンゴー（recette→P273）
Homard bleu servi en soupe crémeuse, tofu au jasmin et mangue

ココット鍋でサーブした料理を皿に取り分けて、別の器に用意しておいたアメリケーヌソースをかける。

オマール・ブルーのココット焼き アメリケーヌソース じゃがいものリソレを添えて（recette→P274）
Homard bleu en cocotte, sauce américaine, pommes de terre rissolées

été
夏の食材

鯛 Daurade royale

日本の鯛とは全く違う虹色に輝く
ドラード・ロワイヤルを味わう

commentaire du chef

　ブルターニュから輸入している鯛を使っています。すごく身がしまっていて、真珠色の皮が焼くとパリパリとして香ばしい。身が半透明で身離れがよく、日本の鯛とは全く違う味です。ポシェしても良いしグリエしても良い、ポワレ、ムニエルにしても良い、炭火焼はすごく美味しい。一尾丸ごとの中に詰め物をしてロティしても美味しいです。よく妻の母が作ってくれたのですが、塩やオリーブオイルでシンプルな味付けの方が良いです。

　良い食材が手に入ったら、後はもう自分たちがやることはないくらい簡単においしい料理が作れる、そういった存在感がある食材です。身の質、食感は生でも、火を加えた後でも身が引き締まっています。フランスでもカルパッチョなどにして生で食べることがあります。

　新鮮な鯛を選ぶコツは身体が輝いていて滑らかなものを選ぶことが大事です。特に、えらの内側が鮮烈な赤、淀んでいない赤色をしているものを選んでください。

[食材概要]
　タイ科の海水魚。鯛の語源はラテン語の「金_aurumでありプロヴァンス語の「貴金色の」dauradeである。古代ギリシャやローマ時代から鯛は評価が高い魚であったことが伺える。現在、通常フランスでは鯛はdoradeと綴られるが、ヨーロッパヘダイdaurade royaleのみdauradeと書く。また、別名「本物の鯛」vraie dauradeとも言われている。地中海やビスケー湾に生息し、目と目の間に金色の帯がある。身は白く繊細でありながら締まっており、香り高い。天然物は5月から10月頃まで市場に流通する。養殖も盛んであるが味は天然物にはかなわない。

　他に大西洋に多く生息する金色がかったピンク色の体色をしたスペインダイdorade rose、味は少し劣るが安価で市場でよく見かけることができるメジナモドキdorade griseなどがある。

　日本ではヨーロッパヘダイと似ている魚にヘダイがいる。体色は銀白色で身体の側面に黄色い縞模様が見られる。西日本からの太平洋、インド洋まで分布している。岩礁を好み、甲殻類、貝類などを食べる。

IMPERIAL HOTEL restaurant français

上：炭火で焼かれた肉厚のドラード・ロワイヤルにアーティチョークのタジンをのせたところ。
下：ドラード・ロワイヤルに串をうち、炭火で焼き上げているところ。

鯛の女王ブルターニュ産ドラード・ロワイヤルを備長炭で焼き上げて
アーティチョークのタジン野菜とレモンコンフィをアクセントに （recette→P275）
Daurade royale de Bretagne grillée au feu de bois, artichaut façon tajine et citron confit

été
夏の食材

Hamo
ハモ

獰猛な顔とは真逆な繊細な味わいがある
ハモの料理の可能性

commentaire du chef

　ハモは日本で初めて出会った魚です。日本料理を頂いたときにハモを食べたのですが、信じられない食感でした。味も大好きです。今でもよりフランス料理に適した調理法を考えています。レ セゾンでも、もちろん、骨切りしています。骨切りしなかったら食べることが出来ません。口に入れると何にも骨を感じられません。素晴らし技術だと思います。ハモをフランス料理に仕立ててご提供するとお客様に驚かれます。想像していらっしゃらなかったのでしょう。

　ハモはいろいろな料理に仕立てることが出来ます。脂っこくない魚ですから、少し脂を補ってあげるような調理がいいようです。デリケートな味なので皆さんよくお吸い物に使いますよね。

　ハモにはずっとジロル茸を使ってきました。初夏の魚なのでちょうどジロル茸が旬で重なっているので合わせます。酢橘をちょっと絞って。ソースのベースはホワイトポート、フュメドポワソン、ジュ・ド・ジロルとバター、クルミオイルです。

[食材概要]

　ウナギ目ハモ科。ハモはウナギや穴子に比べると口が細長く大きく開き、歯が非常に鋭く獰猛な顔をしている。鱗を持たず、蛇のような形体をしている。

　ハモは青森以南のシナ海、インド洋に分布、水深100mより浅い砂泥底に生息している。徳島、淡路、和歌山などの紀伊水道、瀬戸内海などが主な産地。

　ハモは関西エリアで好まれており、とくに内陸部である京都では、生命力の強いハモが生きて輸送することが可能だったことから、盛んに食べられたと言われる。京都の祇園祭のハモ料理は有名である。梅雨明けから9月頃まで美味しく食べられる。

　ハモは堅い小骨が多く海外ではあまり食さない魚であり、関東でも敬遠される食材であったが、関西では骨切りという手法で問題を解消した。身を一寸（3cm）の間に約20程度細かく包丁を入れて骨を切る。

　ハモの語源は諸説あるが、「食む（はむ）」、または、「歯持ち」がハモになった、または、蛇の古い呼び名はハミでありそれが変化したとも言われている。

　雌の方が大きくなり2mを超えることもあり体色は赤胴色であるが、雄は70cm前後にしか成長せず黄色がかった青色である。

　ハモちり、ハモ落とし、ボタンハモなどの料理が有名である。

IMPERIAL HOTEL *restaurant français*

été
夏の食材

スネ肉は長時間じっくりと煮込み温度管理を徹底する
commentaire du chef

　スネ肉はノーブルな部位ではなくて第三カテゴリーの肉（部位として）にあたります。ブレゼするか、ポシェするか、長時間ゆっくりと調理します。お肉自体がゼラチン質の多い部位なので、非常に気をつけながらゆっくりと、温度も急に上げずに調理すると、とても味わい深くて柔らかい仕上がりになります。フランス産の仔牛の輸入が解禁*されたので、輸入肉を使用しています。日本産の仔牛は流通している量が非常に少ないので、扱ったことがありません。フランスでも仔牛はとてもノーブルな高級食材です。ご紹介している料理はスネ肉をゆっくり長時間煮て、きのこ、酢橘をアクセントに加えました。仔牛のジュレには少し鰹節の香り付けをしています。そして、わかめと昆布のクリームを合わせました。フランスでは全く海藻を食べません。あっても飾りぐらい。日本に来てから調理に使うようになりました。フランスでは特殊な食事療法のお店か、貝の下の飾り用にしか使わなかった。海藻を使ってクリームを作るのは日本に来てから試みたことです。山のものと海のものはとても相性が良いことを知りました。

注：*（2013年2月よりフランス産の30ヶ月齢以下の牛の輸入が再開された。）

Jarret
スネ肉

[食材概要]

　スネ肉とは牛の足の一部で前足の肩肉の下、後足の腿肉の下にあたる部分。仔牛veauのスネ肉は、ゼラチン質が多く、脂肪が少ない。フランスでは通常は骨がついている状態で販売しており、その骨の中には骨髄が多くある。骨を取り除いて角切りにして煮込みや蒸し煮にする。また、骨付きのまま厚い輪切りにして煮込むオッソ・ブーコなどを作る。

　仔牛「veau」とは生後8ヶ月未満の仔牛を指す。種類が詳細に分けられており、生後8ヶ月から12ヶ月の雄の仔牛は若牛jeune bovin、生後8ヶ月から12ヶ月の雌の仔牛は未経産雌牛génisse、主に母の母乳で育った仔牛を母乳育ち仔牛veau sous la mère、粉乳で育った仔牛を乳飲み仔牛veau de lait、牧草を食べ始めるまで育てた仔牛をブルタール broutardという。

　仔牛は成長した牛より、肉のきめが細かく滑らかで柔らかく、また、肉の色が白からピンク色で脂肪分が少なく淡白な味わいという特徴を持つ。高級食材として様々な料理に調理される。肉質が良いということもあるが、本来飼育すれば大きく成長し重量を増すことが期待できる牛を、軽量である幼いうちに販売することは贅沢なことであり、自ずと価格も高くなる。日本でも食の多様化により仔牛の需要は高まっているが、和牛の仔牛が非常に少ない量しか流通していない理由の一つといえる。

IMPERIAL HOTEL *restaurant français*

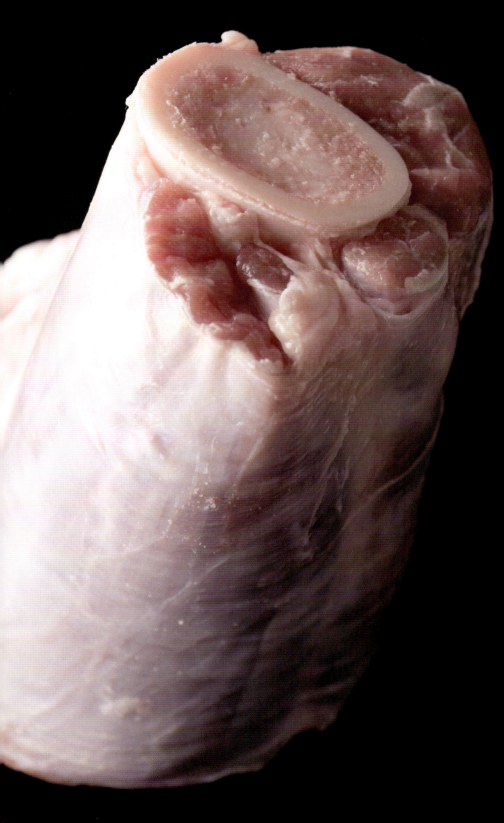

鱧のロティとジロル茸 （recette→P276）
Hamo rôti aux girolles

IMPERIAL HOTEL *restaurant français*

長時間ていねいにボイルした仔牛スネ肉に鰹節香るジュレ 昆布のクリームにかわいらしいプースと （recette→P277）
Jarret de veau dans sa gelée naturelle au katsuobushi, crème de kombu, petites pousses

été
夏の食材

脂の甘み、そして赤身とのバランスが素晴らしいアグー豚
commentaire du chef

　アグー豚。本当に素晴らしい食材です。脂が素晴らしい。柔らかくて、でも肉は引き締まっていて味わいも深い。フランスでも豚はよく食べます。レストランで食べる食材ではありませんが、ハムやテリーヌなどシャルキュトリとしてよく食べられている食材です。豚肉は肉と脂の合わさり具合が大事です。私はトゥールで育ったのですが、トゥールの名物にリエットがあります。赤身の肉と脂身がないとリエットは出来ません。つまり脂肪分のない赤身の部分と脂が必要なのです。それを長時間煮て、ラードと合わせることによりリエットが出来るのです。

　以前は鹿児島の黒豚を使っていて満足していたのですが、違うタイプのものが欲しいな、と思っていたところ、出合ったのが沖縄産のアグー豚でした。フランスの豚肉とはクオリティが違いました。

　今回ご紹介した料理は、昆布と緑茶をアグー豚の脂に切り込みを入れることでしみ込ませています。抹茶ではなくて緑茶の粉末を使っています。緑茶の茶場をフードプロセッサーにかけて、ふるいにかけ、上からまぶすのです。緑茶にこだわるのは味わい深く、甘み、酸味、苦み、塩味の4つの味を感じるからです。それがアグー豚の旨味を引き立てるのです。

Cochon
豚

[食材概要]

　偶蹄目イノシシ科に属する家畜。紀元前2200年頃には中国でイノシシは家畜化されており、紀元前1900年頃にはアジアからヨーロッパに伝わり、豚が家畜として飼われていた。古代ギリシャでは豚は好まれ、ハムやソーセージのような加工品が作られるようになった。豚は早熟で個性も広いため飼育しやすく、保存食肉の主流品種となった。フランスの食肉の消費量の中でも豚肉の割合は非常に高く、加工食肉の利用が多く精肉での活用は少ない。日本ではほとんどが精肉での利用であり、フランスとは異なる。

　フランスでは大ヨークシャー種、フレンチランドレース種が中心で、その他ピエトレン種、ノルマンディ種、バイユー種などが飼育されている。

　日本では生産する肉の用途によって3種類に分けられるが、脂肪を多産するためのラードタイプはデュロック種やチェスターホワイト種など、加工食品用のベーコンタイプはランドレース種や大ヨークシャー種など、精肉用のミートタイプは中ヨークシャー種、ハンプシャー種、バクーシャー種などが飼育されている。

　日本では海外からの豚肉の輸入に対向すべく、国内で優秀な系統造成が重要であるという見解から、地域で特徴的な沖縄のアグー豚などブランド豚が打ち出されるようになった。

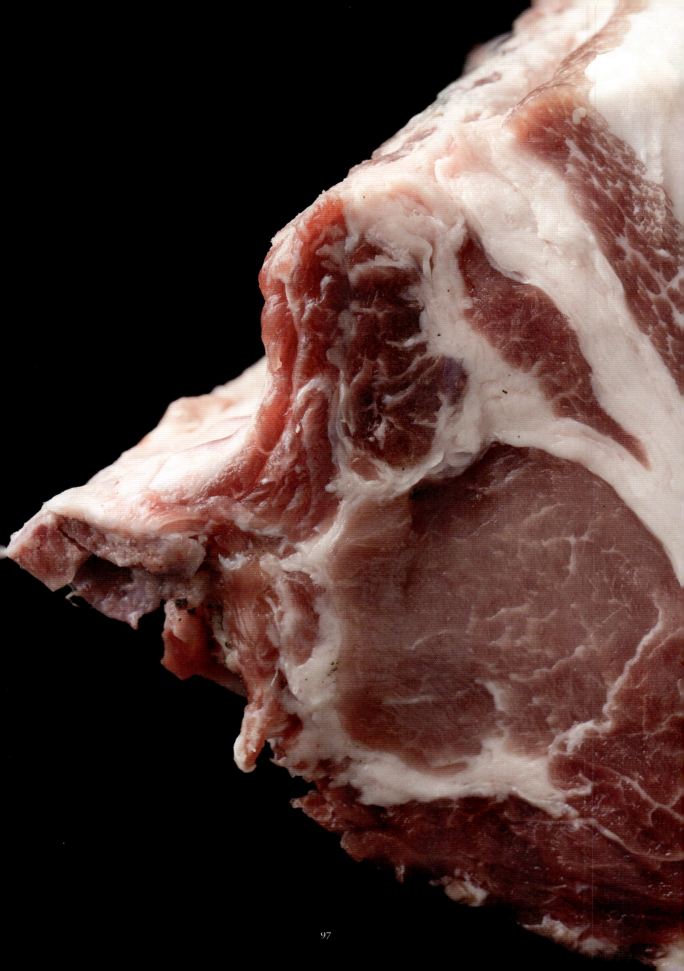

上：脂身に格子状の隠し包丁を入れて、緑茶と昆布のパウダーをまぶす。

下：アグー豚にまぶす緑茶のパウダーと昆布。緑茶の甘み、酸味、苦み、塩味で味わいが深くなる。

IMPERIAL HOTEL *restaurant français*

緑茶と昆布でマッサージされた沖縄アグー豚のロース肉
レ・ボー・ド・プロヴァンスのオリーブオイルを香らせたインカのめざめのピュレ （recette→P278）
Carré de cochon Agu d'Okinawa massé au thé vert et kombu, Inca no mezame à l'huile d'olive des Baux de Provence

été
夏の食材

Agneau de lait

乳飲み仔羊

脂身があり柔らかいノーブルな食材
commentaire du chef

　ハンガリーから輸入した仔羊です。ピレネーの仔羊ぐらい素晴らしい。非常に美味しいです。脂身もあってすごく柔らかく、ピレネーの仔羊のような香りがします。

　今回ご紹介した料理は一つの料理で二つのレシピがあります。一つ目は背肉をロティしています。上には蕎麦のリゾット、サクサクのガレットとしっとりとした柔らかい食感のコントラストが楽しめます。にんにく、トマト、アンチョビ入りのシャンティーをのせて、ジュ・ド・アニョを注ぎます。

　もう一つのレシピは首肉をタジンにしたものを出しています。日本風のタジンです。にんにくは青森の黒にんにくを入れました。シトロンコンフィの代わりに酢橘のコンフィを入れ、コリアンダーは使わず、昆布を使っています。そして、仔羊のロティには稲ワラと蕎麦の実でフュメ（スモーク）しています。

　乳飲み仔羊は生後20日から60日まで飼育されたもので、個体はだいたい10キロ未満と決まっているので一般的な仔羊より小さいですね。

[食材概要]

　生後300日までの雄、または雌の羊の仔のことをアニョagneauと呼ぶ。これ以降成長した羊がムートン（マトン）moutonである。フランスでは成羊より仔羊の方が肉質は柔らかく、羊特有のにおいも少ないので好まれている。

　仔羊の中でも更に数種類に分けられる。乳飲み仔羊agneau de lait は生後20日から60日まで主に母乳で育ち、肉の色が白い。中でもボルドー地方のポイヤックの乳飲み仔羊は有名。他にピレネーや、アルプス、リムーザンも産地である。

　プレ・サレprés-saléと呼ばれる海辺の塩分を含んだ牧草で育った仔羊で珍重される。ブルターニュ地方のモン＝サン＝ミッシェル湾岸やソンム湾岸が産地として名高い。

　他にも生後150日から300日で牧草を食べて育ったブルタールagneau d'herbe broutardや、最大130日まで穀物飼料で育った一般的な仔羊 agneau de boucherieなどがいる。

　羊肉は、日本にはあまり馴染みのないものではあるが、世界的に見ると家畜として飼育される歴史は古い。中央アジアでは一万年も前から飼われており、食肉用だけではなく羊毛用、乳用などに飼われ生活に密着していたことが伺える。現在ではそれぞれの目的に適した品種改良された羊が飼われている。

　日本で本格的に飼育が始まったのは、明治時代であり、その目的は羊毛の需要の高まりのためであった。放牧に適していると北海道で飼育が始まり、近年羊肉を使ったジンギスカン鍋が北海道の郷土料理として広まった。また、健康志向の高まりにより、羊の肉が比較的低カロリー、高タンパクで必須アミノ酸のバランスが良いと言うことで注目されている。しかし、依然輸入に頼っている状況である。

IMPERIAL HOTEL restaurant français

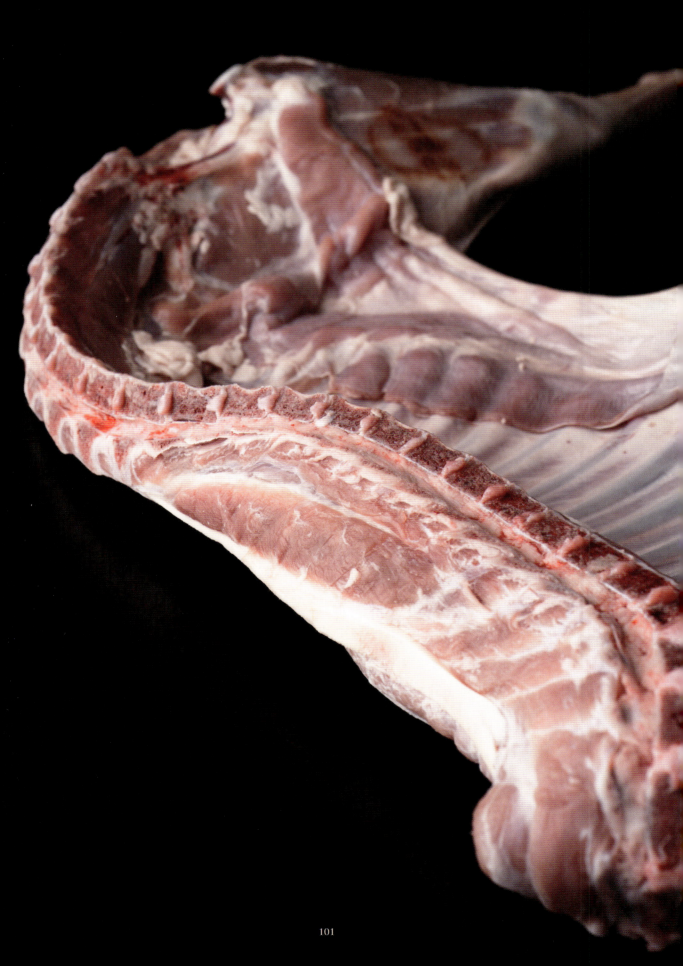

上：日本風にアレンジした肩肉のコンフィをタジン鍋に盛りつける。
右上：蕎麦米でリゾットを作る。仕上げにトリュフのピュレと生クリームを加える。
下：ココット鍋に稲ワラと蕎麦の実を入れて乳飲み仔羊に香りをつける。

乳飲み仔羊を薄焼きにした蕎麦粉のガレットで包んで
肩肉のコンフィ 熟成青森にんにく スダチと昆布 (recette→P279)
Agneau de lait en dentelle de sarrasin, l'épaule confite à l'ail noir d'Aomori, sudachi confit et kombu

été
夏の食材

Ris de veau
リ・ド・ヴォー

内臓部位でありながら
クリーミーで繊細な味わいの高級食材

parole du chef

　素晴らしい素材です。フランスからフレッシュな状態で届きます。ロニョンもそうですが、内臓の中でとてもノーブルな食材の一つです。リ・ド・ヴォーはレストランで食べる食材です。家庭で食べる料理に使用するというイメージではありません。良い物を見分けるには脂の色が白いことです。リ・ド・ヴォーにも2種類あって喉に近い方の胸腺と心臓に近い方の胸腺があります。心臓に近い方の胸腺は、調理したときにふわふわしていて、リ・ド・クーと言います。喉に近い方の胸腺はもう少し張りがある。それが、リ・ド・ゴルジュ。こちらの方は神経が沢山通っており筋がいっぱいありますが、味は濃い。ですから部位の特徴に合わせて調理法を変えます。リ・ド・ヴォーとたまねぎをソテするときは小さいデ（サイコロ状）にカットするので、そのときはリ・ド・ゴルジュを使う。今回の料理に使ったのはリ・ド・クー（心臓側の胸腺）。リ・ド・ヴォーで好きなところはこの食感と味です。クリーミーで非常に柔らかく、繊細でやさしい味です。

[食材概要]
　胸腺risとは仔牛、仔羊の喉の下から胸部にかけてある臓器。成長すると退化してしまうので食材として利用できなくなる。胸腺は喉側のゴルジュgorgeと胸側のノワnoixがある。胸腺は水にさらして下茹でしてから蒸し煮、グリエ、グラタン、ベーニェや詰め物の具材として調理する。
　仔牛の内臓は成長した牛と比べると柔らかくあっさりした味わいであり上等とされている。特に、仔牛の時にしか食べることが出来ない胸腺肉は、ほかの臓物の中でも美味しいと評価が高い。滑らかでとろけるような食感と風味で、高級フランス料理の食材として活用されている。

IMPERIAL HOTEL *restaurant français*

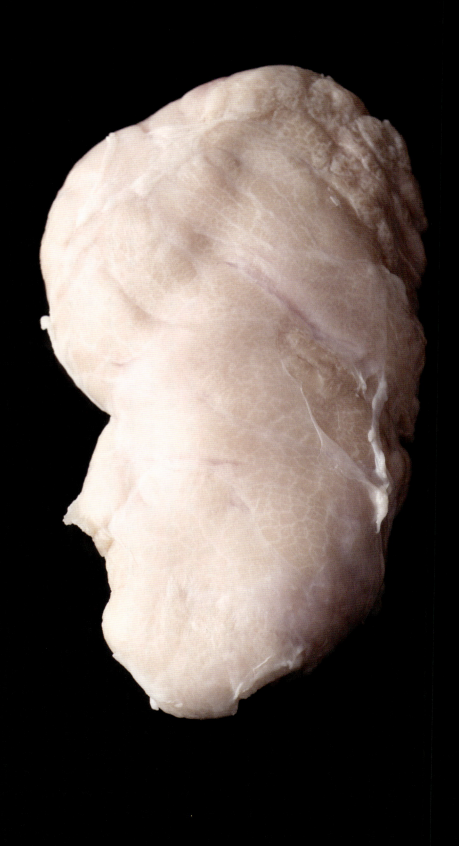

桃酢をかけたミニロメインレタスのサラダ。カリカリにしたリ・ド・ヴォーとイカ墨のクルトンがアクセントになっている。

リ・ド・ヴォーの昔風ブレゼ 白桃とトリュフのジュレ 桃酢を香らせたシーザーサラダ添え （recette→P280）
Noix de ris de veau braisée à l'ancienne aux pêches et gelées de truffes, salade César au vinaigre de pêche

été
夏の食材

Pêche
桃

[食材概要]

バラ科の落葉小高木の果実。果皮は繊毛に覆われ滑らかで、中心に大きな種（核）がある。

中国が原産地であり、古くから盛んに栽培されていた。ヨーロッパには紀元1～2世紀頃ペルシャに伝わりギリシャ、ローマを初め地中海沿岸諸国に伝わった。

フランスの主産地はプロヴァンス地方やラングドック地方などの南東部及び南西部。白桃、黄桃、果肉が赤い桃の3種ある。香りが良くて汁気が多く、生食用として需要が高いが、デザートや菓子にも用いられる。桃のシロップ漬け、ヴァニラアイス、フランボワーズのピュレで作るメルバ風が有名である。

日本においては、縄文時代、弥生時代の遺跡から、桃の種が見つかっており古くから自生していた桃が食べられていたが、中国から桃が伝わると次第に渡来した種が一般化されていった。果実として食用されていたが、江戸時代は鑑賞が目的で桃の木が栽培されることが多く、明治初期、ヨーロッパ系の品種、更には中国から上海種が入ったことにより、現在の桃の栽培基盤が作られた。

日本では山梨、福島、岡山、長野、和歌山が主産地。

桃を愛する情熱が美味しい品種を作り出す

commentaire du chef

　日本では果物の王様だと思います。

　日本のお客様は桃が好きな方が多くいらっしゃいます。日本人が桃が好きな理由は様々な美味しい種類があり、桃の文化を大切にしているからではないでしょうか。フランスもフレッシュ、加工したものがありますが、私は両方とも好きです。

　桃は料理にもデザートにも使えます。レ セゾンでは桃とトリュフを使った料理を提供しています。生でも使いますし、加熱しても使います。

　フランスでは南フランスの桃が知られています。日本では山梨、長野の桃が有名ですね。

一つの桃 (recette→P281)
Une Pêche

IMPERIAL HOTEL *restaurant français*

繊細に作られた飴細工を割ると、桃のコンポート、桃のソルベ、バニラのクリーム、アーモンドのビスキュイなどが入っている。

été
夏の食材

フルーツの酸味を生かして料理を立体的に構築する
commentaire du chef

　トロピカルフルーツが好きです。

　果実の酸味が好きだからです。料理やデザートに使いたいのは、フルーツの酸味の部分です。酸味は料理に深みを出し立体的にしてくれる要素だからです。

　フランスには、グアドループ諸島とかマルティニーク島、アンティーユ諸島や西インド諸島などヨーロッパ以外に所有する海外県や海外領土があり、多くのトロピカルフルーツが生産されています。例えばニューカレドニアなどです。日本のフルーツも使います。

　エキゾチックフルーツのスープは、パッションフルーツ、マンゴー、キウイ、パイナップル、ココナッツのエスプーマで構成されています。

Fruits Exotiques
エキゾチックフルーツ

[食材概要]

　熱帯産の果物のことをトロピカルフルーツと言うが、熱帯産も含めそれ以外の異国で作られた果物のことを総称してエキゾチックフルーツということもある。

　代表的なものとしてパイナップル ananas、マンゴー mangue、キウイ kiwi、パッションフルーツ friut de la Passionなどがある。

　パイナップルはパイナップル科の常緑多年草。熱帯アメリカやブラジルが原産地であり、16世紀にフランスに伝えられ、17世紀に温室での栽培に成功しルイ15世に献上したと言われている。タンパク質分解酵素が含まれているので肉の消化を助け、また、酸味が肉料理と好相性である。

　マンゴーはウルシ科の常緑高木。原産地は諸説あるが、熱帯アジアのインドからミャンマーにかけて、また、マレー半島ともいわれており、ヨーロッパ諸国やアフリカへ広がったと言われている。丸みのある大きな卵形のアップルマンゴーと平たいペリカンマンゴーに大別される。生食やお菓子に使われるが、前菜やサラダ、肉や魚、甲殻類の料理の付け合わせにも使われる。フランスにはブラジル産、コートジボワール産の物などが流通している。

　キウイは中国原産のマタタビ科のつる性木本植物。ニュージーランドやチリ、イタリアや中国で多く生産される。果肉の綺麗な緑色を生かして料理やデザートの彩りにも使われる。また、タンパク質好酸化作用が強く、ビタミンCが豊富である。

　パッションフルーツはトケイソウ科のつる性多年草。成熟した果皮は赤紫色。中は黄色いゼリー状の物に包まれた種がたくさん入っている。スプーンですくって食べたり、ジュースや菓子に加工する。爽やかな酸味があり香りが良い。

IMPERIAL HOTEL *restaurant français*

沢山の種が黄色い果肉の中に見られる。独特の香りと酸味が特徴のパッションフルーツ。

エキゾチックフルーツのスープ仕立て パッションフルーツとココナッツの雲（recette→P282）
Soupe de fruits exotiques, sorbet passion et mangue coco

IMPERIAL HOTEL *restaurant français*

IMPERIAL HOTEL *restaurant français*

帝国ホテル レセゾンの季節の食材とフランス料理
IMPERIAL HOTEL *'Les Saisons' de Thierry Voisin*

季節の食材と料理

automne
秋の食材

Cèpe
セープ茸

Ormeau
鮑

Huître
牡蠣

Artichaut
アーティチョーク

Rouget-barbet
ルジェ

Truite
鱒

Dover Sole
ドーバーソール（舌平目）

Betterave
ビーツ

Gibier
ジビエ

Gibier: Perdreau
ジビエ 山ウズラ

Gibier: Grouse
ジビエ 雷鳥

Gibier: Chevreuil
ジビエ 鹿

Châtaigne
栗

Kaki
柿

automne
秋の食材

Cèpe
セープ茸

**香り高い王様の茸は
秋限定の個性的な味わいと食感**

commentaire du chef

　セープ茸はフランスから輸入しています。一番美味しい時期が9月〜10月と季節が限定される茸ですが、フランスの全ての地方で採取することが出来ます。

　良いセープ茸を選ぶときは茸の笠の下を見てください。内側が白くなっているものを選ぶと良いでしょう。黄色いものはあまり良いものではありません。また、軸が堅い物を選んでください。セープ茸は小さくても大きくても良いのですが、小さい方が軸は堅いものが多いように思います。

　セープ茸は生でも火を入れても食べられる茸です。調理するときは強火にしすぎないことです。なぜならば、強火にしすぎると苦みが出てしまいます。だからといってあまりゆっくり火を入れていると水が出て来てしまいよくありません。

　セープ茸は赤身であろうが白身であろうがどんなお肉とも相性が良く、多くの魚や甲殻類とも合います。

[食材概要]

　イグチ科の茸の俗称。(総称はボレbolet)ガスコーニュ方言の幹セップcepが名前の由来と言われているように、茎はしっかりとして太い。笠は茶褐色や赤褐色のドーム形で10〜20cmと大きく裏側には小さな管孔がある。個性的な甘い香りと味わい、食感の良さでヨーロッパの人々に好まれる茸である。イタリアではポルチーニと呼ばれフランス同様珍重されている。

　フランスでセープ茸の名前で呼ばれている食用茸の種類は多くあるが、一般的にセープ茸と呼ばれるのはヤマドリ茸cèpe de Bordeaux、ヤマドリ茸モドキcèpe d'èté、ススケヤマドリ茸cèpe tête-de-nègre、セープ・デ・パンcèpe des pins。これら4品種のことをセープ・ノーブルcèpe noble(高貴なセープ茸の意)と呼ぶ。

　主に広葉樹林に生息し、品種により違いはあるが、だいたい9月から11月ぐらいにかけて収穫される。(ヤマドリ茸モドキは5月から6月にも収穫が出来る)

　日本には乾燥や塩蔵、冷凍が輸入されているが、最近はシーズンにフレッシュな物が空輸される。

　若い物の方が一般的に質がよい。汚れは丁寧にぬれた布で取り除き、ぬめりは切り取る。生のままでも食べられるが、加熱すると風味が増すのでソテしたり、エチュベしたり、グリエして付け合わせにしたり様々な調理法がある。

IMPERIAL HOTEL *restaurant français*

左上：ずんぐりとした太い茎を持つセープ茸。しっかりとした張りと弾力がある。
右下：セープ茸のスープにイベリコ豚の生ハムとアイユ・ローズのクリーム、ハーブオイル、煮詰めたはちみつビネガーでアクセントをつける。

フランス産セープ茸のカプチーノ仕立て イベリコ豚の生ハムをあしらって (recette→P283)
Velouté de cèpes servi comme un cappuccino, quelques copeaux de jabugo

ファルスを詰めて火を入れた仔鳩をバターでこんがり焼き色をつけて仕上げる。

焼き上がった仔鳩を切る。サボイキャベツのファルスがたっぷりと詰まっている。

セープ茸とカットした仔鳩を皿に盛りつけたところ。

IMPERIAL HOTEL *restaurant français*

仔鳩のファルシを1匹丸ごとローストして セープ茸 アバを加えたジュと （recette→P284）
Pigeonneau farci entier et rôti, quelques cèpes

automne
秋の食材

殻に入れた状態で火を入れて旨味を引き出す
commentaire du chef

　鮑はフランスの文化にはありません。日本で出会った食材です。鮑を使用していく中で、すばらしい調理法を発見しました。肉も魚も骨をつけたまま焼いた方が旨みが増すのと同じように、鮑も殻に入った状態で加熱することで調度よい火入れ加減になることを知りました。お客様もスタッフもこの調理法を素晴らしいと言っています。

　私は鮑の食感をすごく大事にしているので、歯ごたえがあって柔らかく仕上がる火入れの方法はとても重要です。また、生きている鮑を調理することも大切です。

　千倉産と長崎産の鮑を使うことが多いのですが、そのときの状況により変わります。産地によって鮑の色味が違いますし、味ももちろん違います。樫の木の下でとれるセープ茸ともみの木の下でとれるセープ茸が違うくらい味に違いがあります。

　どちらが美味しい、と言うことではなく、あくまで違うということです。そこまで鮑の世界が分かるようになるには何年もかかりました。そのためには多くの時間と経験も必要でした。私は和食で沢山の鮑を食べて、調理方法によってどのような違いが生じるのかが分かるようになりました。中にはゴムみたいに堅くて噛み切れない鮑もありました。

　鮑はとても個性的な貝だと思います。肝はソースにしたり、薄くスライスして焼いたりと料理にいろいろと活用することが出来ます。

Ormeau
鮑

[食材概要]

　ミミガイ科の巻貝。一見、平たい楕円形の貝に見えるが、巻貝の仲間である。フランスでは、貝殻の形が耳の形を連想させるため海の耳 oreille de mer とも言われている。ヨーロッパのミミガイ科の貝は日本の鮑より小振りで8～12cm程度の大きさで日本のトコブシに似ている。大西洋岸と地中海に生息するセイヨウトコブシormeauと地中海に生息するナミジワトコブシoreille de Saint-Pierreがいるが、資源保護のために漁獲を制限されている。

　日本では、鮑はクロアワビ、エゾアワビ、メガイアワビ、マダカアワビの4種が主に流通している。浅瀬の岩礁に生息しており、品種により大きさは異なるが貝殻の長さ15～25cmくらいに成長する。鮑は古代から珍重されており、鮑を薄く紐状にして干した物を神饌（しんせん）にした「熨斗鮑（のしあわび）」は現在の熨斗の原形である。また、貝殻は螺鈿（らでん）などの装飾品の細工にも使われており、用途は食用だけでなく、高価で尊ばれていた。昔は、鮑は乾性品であったが、流通技術の進化により水貝、刺身、酒蒸し、貝煮などが市場で手に入るようになった。

　現在、最も高価で味の良さから人気があるのはクロアワビ、鮑の漁獲量が多いのはエゾアワビである。高価であるがほどよい磯の香り、食感の良さ、旨味が強く人気であり需要の高い食材である。資源確保のため稚貝の放流が行われており、天然物は採取禁止期間や禁猟区を定めている。漁獲量は足らず、世界各国から輸入している。

　調理するときは生きたものを使う。

IMPERIAL HOTEL restaurant français

automne
秋の食材

[食材概要]

イタボガキ科の2枚貝。牡蠣は古来より食用され、ローマ人により養殖が行われていたという。日本の貝塚からも大量の貝殻が発見されている。「海のミルク」と称されるほど栄養価が高く、世界各国で賞味されている。フランスはヨーロッパの中でも消費量が多く、養殖により供給量の安定と衛生面が向上した。魚介類を生食する習慣があまりないフランスであるが、牡蠣は例外的に生食が好まれる貝である。

フランスでは円形で平たいヨーロッパヒラガキhuître plateと細長くてくぼみが深いくぼみガキhuître creuseの2種が主に市場に流通している。ヨーロッパヒラガキは17～18世紀に乱獲され激減し、現在生産量は少ない。ブルターニュ、アルカション、マレンヌ＝オロンなどで養殖されている。くぼみガキは19世紀にポルトガルガキhuître portugaiseを導入して養殖していたが、病気が発生しほぼ壊滅的な状況になり、その後、日本のマガキを導入した。そのため日本ガキhuître japonaiseとも呼ばれている。

日本ではマガキ、イワガキ、スミノエガキなどが流通する主な品種。日本でも手にする牡蠣はほとんどが養殖である。牡蠣の養殖地として広島湾、有明湾、松島湾、宇和島湾、伊勢湾などが挙げられる。

Huître
牡蠣

新鮮な生牡蠣はクリスマスのご馳走

commentaire du chef

牡蠣は大好きな食材の一つです。特に生の新鮮な牡蠣が好きです。フランスでは牡蠣といっても平らな牡蠣やくぼみ牡蠣などブルターニュだけでも数種類あります。採れる場所によってそれぞれ品種の特徴が異なり形もバラバラで味も違いますので、産地や種類に関係なく、まんべんなく楽しんでいます。

フランスでも牡蠣は非常に高級な食材です。ですから家族が集まるようなクリスマスの時期はどの家庭でも沢山食べます。そのためクリスマスからお正月にかけて牡蠣の消費量がぐっと増えます。フランスでは生で牡蠣を食べるのが一般的です。レモン汁や、シードルビネガーをかけたり、赤ワインビネガーにエシャロットを刻んだ物を加えることもあります。個人的に日本の牡蠣の好きな産地は長崎や北海道です。

※現在、レ セゾンでは牡蠣を使った料理を提供しておりません。

鮑のグリエ アーティチョーク・ポワヴラードのバリグール (recette→P285)
Ormeau grillé aux artichauts poivrades en barigoule

IMPERIAL HOTEL *restaurant français*

フォワグラのポワレに牡蠣を添えて 酸味を加えたエシャロット シトロンジュレ ビーツの雲 (recette→P286)
Foie gras chaud aux huîtres, échalotes acidulées et gelées de citron, nuage de betterave

automne
秋の食材

Artichaut
アーティチョーク

**独特な味わいのあるアーティチョークは
大小種類により調理法を変える**

commentaire du chef

　普段はフランス産のアーティチョークを使っています。独特な味わいが好きでよく使う野菜です。甘みもあり、苦みもある。フランスにはいろいろな種類のアーティチョークがあります。ブルターニュは大きいタイプのもの、ポワヴラードと呼ばれている小さいものはプロバンス産が有名です。

　大きいものと小さいものでは調理方法が変わります。小さいものはタケノコのお刺身のように生で食べることもあります。大きいものは通常火を入れますが、私が子供のころ大きいブルターニュ産のものも生で食べたことを覚えています。とても新鮮だったのでしょう。

　アーティチョークは酸化するのでステンレスの調理器具を使わなくてはいけません。鋼を使うとさびてしまうからです。また、下処理したあとは変色してしまうのでレモンを絞った水にすぐつけなくてはなりません。

　アーティチョークはキクイモのような風味がします。キクイモは別名エルサレムのアーティチョークと言われれています。

[食材概要]

　キク科の多年草。つぼみを食用とする花菜。つぼみは外側にある萼状の総苞（そうほう）と呼ばれる葉のつけ根の部分と花托（かたく）と呼ばれる花の芯を食べる。花托の中に詰まっている繊毛は食べられないので取り除く。

　原産地は地中海沿岸と言われており、15世紀頃にはイタリアで栽培されていた。16世紀にカトリーヌ・ド・メディシスがアンリ2世に嫁いだときにフランスにアーティチョークを伝えたと言われている。独特な風味と苦みが人気で、今日では欧米諸国では欠かすことのできない野菜になっている。

　アーティチョークの種類は多くあるが、中型で細長い紫色がかったヴィオレ・ド・プロヴァンス violet de Provence、その若い品種であるポワヴラード poivrade は代表的な品種である。

　日本には、明治時代に伝わったが、当時は食用花菜としてほとんど定着しなかった。近年、グルメブームなどの広がりもあり、千葉や神奈川の一部でのみでしか栽培されていなかったが、他にも広がりつつある。しかし、一般的な野菜と言うよりは高級野菜としての需要に対応しているのが現状である。

　アーティチョークの食効能は利尿作用や消化促進作用、肝臓の機能を高め、血中コレステロールを下げると言われており、昨今の健康ブームを考慮に入れると国内需要が高まり、これから栽培の広がりが期待できる。

IMPERIAL HOTEL *restaurant français*

アーティチョークは切ったらすぐにレモンを絞った水につける。放置すると酸化して変色してしまう。

バターを溶かしアーティチョークをポワレする。こんがり焼き色をつける。

IMPERIAL HOTEL *restaurant français*

アーティチョーク・ポワヴラードとヘーゼルナッツ パルマ産生ハムとアンチョビをアクセントに （recette→P287）
Artichaut poivrade, jambon cru et noisette, une pointe d'anchois

automne
　秋の食材

Rouget-barbet

ルジェ

あごのひげが印象的な赤い魚は
個性が強く繊細な味わい

commentaire du chef

　ブルターニュ産のルジェrougetです。非常に個性的な味が強い魚なので海のやましぎbécasseと言われています。いろいろな調理法を与えてくれる魚です。肝も使います。ソースを肝で合えたり伸ばしたりします。良い意味で非常に磯臭い、海の香りがします。

　フランスにはいろいろな赤い色をした魚がいます。

　今回ご紹介したルジェはだいたい一尾180gぐらいのルジェ・バルベrouget-barbetです。あごの下にひげがあるのが特徴的です。地中海に行くとルジェ・グロンダンrouget-grondin（ブイヤーベースの材料になる。どちらかと言うとホウボウに似ている）が多く生息しています。

　フランスの魚には最高品質の印があります。プチバトゥPETITS BATEAUXと言って小さな船で釣ったという高級な食材の証です。小さな船で釣ったということは、網ではなく、一本釣りで漁獲したという証拠だからです。

　今回の料理はバスクをイメージしました。ルジェとチョリソーのエミュルション、小さいヤリイカと合わせました。これらの食材はとても相性の良いコンビネーションです。

[食材概要]

　スズキ目ヒメジ科の海水魚。フランス名を直訳するとbarbe「ひげ」のあるrouget「赤みがかった」魚、という意味である。一般的にヒメジ科の魚類はあごの下にひげがある。また、赤い色をしているので通常ルジェと呼ばれることが多い。フランスやイタリアの地中海沿岸からアイルランド南部まで分布している。体長約12〜35cmで、沿岸の砂泥地に生息している。

　優雅なフォルムと赤く輝く色鮮やかなルジェは古くから好まれて食されてきた。ヨーロッパでは高級魚であり、古代ローマ人の華やかな食卓を飾ったと言われている。よく身が引き締まり脂肪分が少なく、繊細な味わいがある。グリエ、紙包み焼き、フライ、オーブンで焼く、など様々に調理される。

　日本ではルジェに近縁のヒメジは東北以南に生息しているが、体長は20cm前後で比較的小振り。全国の市場には広く流通しておらず、漁獲される地域の美味しい小魚として人気がある。

IMPERIAL HOTEL *restaurant français*

automne
秋の食材

Truite

鱒

高品質な養殖の鱒はサーモンに匹敵する

commentaire du chef

　今回養殖の鱒を使用しましたが、身が凄く締まっています。富士山の麓で育てられているので、非常に水質がよいからでしょう。ウイスキーと同じで水の美味しさと純粋さがこの魚の品質に好影響を及ぼしているのだと思います。

　フランスでも鱒は天然と養殖があります。

　天然のものだと凄く小さい。このような養殖の立派な鱒が手に入ればサーモンは必要ないでしょう。わざわざ遠くの海から釣ってくるサーモンを使わなくても、それに値する料理を食べられるからです。

　しかしながらフランスの市場では鱒はほとんど出回っていないためサーモンを使います。「青い鱒」、という料理があるのですが、天然の鱒をさっとブイヨンにくぐらせると、青くなるのです。

　今回紹介する料理は、元々サーモンで作ったものだったのですが、たまたま新鮮な鱒が手に入り、鱒で作ったら、サーモンに匹敵するものになったので、サーモンから鱒に主食材を切り替えました。

[食材概要]

　サケ科の魚。河川や湖に主に住む。世界各地で重要な食用の魚とされており、養殖も盛んに行われている。鱒は川や湖で産卵し、海に戻る降海型の品種と川や湖にとどまる陸封型の品種がいる。

　フランスでは鱒と言えばブラウントラウトとニジマスが代表的な品種である。ブラウントラウトは生息する場所により3種に分けられる。河川に住む陸封型のブラウントラウト truite fario、truite de rivière、truite sauvage、湖に住む陸封型のブラウントラウト truite de lac、降海型のブラウントラウト truite de mer。ニジマス truite arc-en-ciel はアメリカから移入された陸封型の小型の養殖の鱒である。

　日本では鱒と言えば以前はサクラマスのことを指していたが、今は広義な範囲で鱒と呼ばれる魚の種類が増えた。陸封型に、ニジマス、イワメ、ビワマス、ヤマメ（サクラマス）など。降海型に、ベニマス、マスノスケ、カラフトマス、サクラマスなど。

IMPERIAL HOTEL *restaurant français*

ルジェのうえにチョリソーのエミュルションを
エスプーマで絞り出し仕上げる。

ルジェ・ド・ロッシュの上にのせたイカのソテとインカのめざめのエクラゼ チョリソーソーセージの雲 (recette→P288)
Rouget de roches sur une pomme de terre écrasée, encornet sauté à cru et nuage de chorizo

IMPERIAL HOTEL *restaurant français*

スモークした鱒に贅沢なキャビアクリーム、フィヨルドルビーを添える。みかん胡椒がアクセントになる。

軽くスモークした富士山麓の鱒 甘み豊かなみかん胡椒とキャビアクリーム （recette→P289）
Truite du mont Fuji fumée à la minute, mikankosho et crème de caviar

automne
秋の食材

Dover Sole
ドーバーソール（舌平目）

「海の女王」と呼ばれる高級魚であるドーバーソール
commentaire du chef

　舌平目といったらドーバーソールしかない、といわれるくらい素晴らしい食材です。フランスでは舌平目はブルターニュ産、シャラントの海岸のもの、イルドレ産も有名です。

　日本の舌平目は残念ながら焼くと柔らかすぎて水っぽくなってしまいます。日本の舌平目は多分日本料理にするには最高だと思うのですが、フランス料理に仕立てるには柔らかすぎてバラバラになってしまうのです。

　今回ご紹介した舌平目の料理はレ セゾンを代表する一品といっても良いでしょう。レ セゾンの料理の中からどれか一つ選びなさいといわれたら、私はこれを選びます。理由はいくつかあって、まず日本に来たからこういう料理が出来た、という象徴的なものだからです。シンプルで研ぎすまされている、全ての見せかけと余分なものは削ぎ落とされている非常に純粋な料理です。舌平目の真ん中にバター、そこにおろした生姜とわかめ、胡麻を使いました。フランス料理の手法と日本の食材要素を用いた味付けです。私は日本に来て4～5年経ってから日本の食材を取り込むようになりました。舌平目は骨つきのまま焼いて調理しています。それがこの料理のポイントです。

[食材概要]

　舌平目はウシノシタ科、または、ササウシノシタ科の海水魚。ヒラメやカレイの近縁。長い楕円形で平たい形をしていて両目は右側または左側によっている。有眼側の体色は生息している砂泥底の色により変わるが、反対の無眼側はクリーム色がかった白である。ヨーロッパでは古代ローマの美食家達から好まれた魚であり珍重されてきた。フランス料理には欠かせない魚である。

　多くの品種があるが、その中でもドーバー海峡で漁獲されるものはドーバーソールDover soleと呼ばれ「海の女王」と称さるほど有名である。大型で体長が60cmにもなる物もあり、肉質は締まり脂がのっている。非常に美味で高級な魚であり、日本の舌平目とは味わいが全く違う。

　日本国内で食用する舌平目はアカシタビラメ、クロシタビラメを中心に数種漁獲される。体長は約25～35cmとヨーロッパ産のものより小振りであり、煮付けや干物で食されていたが、あまり需要がなかった。しかし、フランス料理の普及にともない、ムニエルやフライなどの調理に用途が広がり食されるようになった。

IMPERIAL HOTEL *restaurant français*

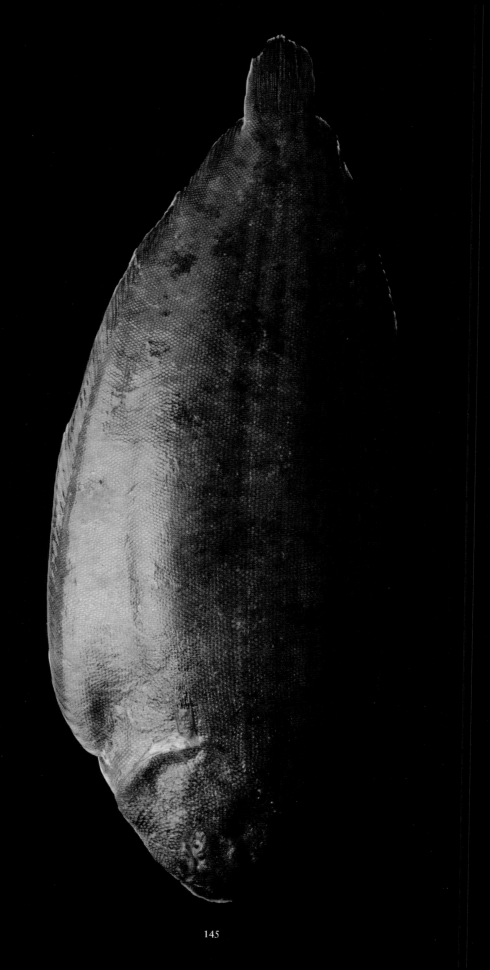

舌平目の付け合わせのにんじん。季節があえば京人参を使う。

フランス産舌平目を骨付きのままリソレして 生姜バターと 京人参のコンディマンテと共に （recette→P290）
Sole rissolée à l'arête au beurre de gingembre, carotte de Kyoto condimentée

automne
　秋の食材

Betterave ビーツ

心地よい苦みが大人好み
力強い赤い色をした野菜

commentaire du chef

　私が幼い頃、正直大嫌いな野菜でした。食感が好きではなかったですし、味も好きではありませんでした。今は大好きです。味覚は変わるものですね。子供の頃、アンディーブとか嫌いでしたよね？苦みがありますから。

　大人になるとその苦みが美味しくなる。

　現在レ セゾンではほとんど北海道産ビーツを使っています。他と比べて、甘みが際立っています。

　納品されたビーツの周りに土がついていると安心します。これはいいビーツだな、と。本当に土の中で大きくなったんだな、と分かるからです。

　今回ご紹介している料理はジュニパーベリーもつけて塩釜焼きにしています。ビーツはそのままでもよいし、甲殻類、牛肉、魚とも相性がいい。

　黄色いビーツと赤いビーツを使っています。ビーツは非常に濃い力強い色ですよね。

[食材概要]

　アカザ科の2年草。葉を食用とするフダン草 beitte と同種でその肥大した根のことを指す。きめが細かく赤紫色で甘みがある。原産地は地中海沿岸と言われており、現在のように野菜として食用されるようなビーツは16世紀にドイツで品種改良されヨーロッパに広まった。

　ビーツは用途で大きく3種に分けられる。砂糖を取るためのシュガービート、根や葉が赤くなる野菜用のテーブルビート、飼料用のビーツである。

　フランスでは食用のビーツの品種をその形状から大きく2グループに分けている。フランス全土で収穫される香りがよく甘みがある長根系のルージュ・ノワール・デ・ヴェルテュ rouge noir des Vertus やルージュ・クラポディーヌ rouge crapaudine。もう一方はロワレ県やブルターニュ地方などで収穫される丸根系でピコレス Bikorès、ボルヴァール Bolivar、ダルカ Darka などがある。ビーツは5月から11月頃まで市場に出回るが、貯蔵性が高いため、通年流通する。

　日本には18世紀には伝わっていたようであるが、栽培されるようになったのは明治時代以降であり、調理に使われるようになったのはごく最近である。

　ビーツは生でも食べられるが一般的には皮付きのまま茹でるか、オーブンで焼いて、オードブルやジビエのガルニチュール、スープなどの料理に用いられる。ビーツを使った料理としてロシアのボルシチがよく知られている。

IMPERIAL HOTEL *restaurant français*

皿にサーブする前にお重に料理を詰める。和の趣を感じる。
皿に盛りつけるとモダンなフレンチスタイルに変わる。

塩釜焼きにしたビーツ。
苦みと甘みが入り交じるジュニパーベリーの香りがアクセントになる。

和牛サーロインを串に刺し、
備長炭で丁寧に全面を焼き上げる。

備長炭で焼き上げた和牛のサーロイン 塩釜焼きにねずの実を香らせたビーツをつけ合せで（recette→P294）
Pièce de bœuf grillée au feu de bois, betterave en croûte de sel et genièvre

automne
秋の食材

Gibier
ジビエ

[食材概要]

ジビエとは狩猟の対象になる野生鳥獣のことであり、また、その肉のことを指す。大きく2種に区別できる。鹿、猪、野兎などの猟獣 gibier à poil、そして、ガン・鴨類、キジ類、雷鳥類、鳩類、シギ類、ツグミ類などの猟鳥 gibier à plume である。

ジビエ料理は中世の王侯貴族が楽しみとして所有する領地内で狩猟して得た鳥獣を調理させ食し、また、客人に振る舞ったことから始まる。ジビエは生息する環境やエサ、その年齢により風味や状態が変わるが、家畜肉より身が締まって色が鮮やかであり脂肪分が少なくタンパク質が豊富である。ヨーロッパでは現在もジビエは好まれ贅沢なご馳走である。

古代、人は狩猟をして食物を得て生命を維持してきたが、鳥獣の家畜化により狩猟の必然性は低くなり、現在ではスポーツや趣味としての位置づけに変化してきた。

20世紀に入ると動物の乱獲や環境保護の観点から狩猟期間や保護地域や禁猟地区などが定められるようになった。フランスでは地域や動物の種類によって狩猟期間は異なるが、9月から2月位まで狩猟が許可されている。期間中はフランス各地の山岳地、湖や沼で狩猟を行うが、需要には追いつかず、輸入をしている状況である。また、生涯野生で育った物だけではなく、売買が許可されている種類に限るが、飼育したジビエとして狩猟期間中に野に放ったり、禁漁期にジビエとして売買したりすることもある。

日本においても野生鳥獣の狩猟期間は決まっており、毎年11月15日から2月15日まで（一部期間が違う種もある）。かつて日本ではジビエはあまり馴染みがなかったが、食文化の変化によりジビエが注目されてきている。

自然を感じ自然に敬意を払う

commentaire du chef

　ジビエは毎年季節になると作ります。私にとってジビエとは「自然を尊重すること」です。ジビエを食べると、ジビエ達が生きていた環境、その周りにあるものの香りがして、自然を感じることが出来るのです。

　日本人のお客様から9月になるとお問い合わせを多く頂きます。「いつからジビエが始まるのですか？」「今年は何を食べられますか」と。日本の方は本当にジビエが好きなのだな、と思います。ジビエの味を知っていらして、そして、そのジビエの味がお好みということです。毎年楽しみにしている方が多くいらっしゃるのです。

　日本人は薄味が好き、繊細なものが好きと言うけれども、本当にジビエが好きな人は凄く好きです。ジビエ料理は血を使ったり、内臓を使ったりするためソースは香りも味も個性的です。それを理解して楽しむキャパシティをお持ちなのでしょう。

　今回料理をご紹介したジビエは、雷鳥、山ウズラ、蝦夷鹿です。

Perdreau
山ウズラ

キジ科の猟鳥。生後8ヶ月未満の物を指す。パリ郊外にあるフランス有数の穀倉地帯ボース地方Beauce産。

山ウズラをフィユタージュで包み、卵液を塗り、コンベクションオーブンで焼き上げる。

IMPERIAL HOTEL *restaurant français*

山ウズラのパイ包み焼き キャベツとデュクセル ラール ジュ・ド・トリュフ (recette→P291)
Perdreau gris de Beauce en fine croûte feuilletée, chou vert et duxelle, jus de truffe

Grouse

雷鳥

雷鳥は日本では特別天然記念物。スコットランド産が有名であり輸入している。

マリネした雷鳥を仔牛肉、豚の背脂、フォワグラなどでつくったパテと一緒にロール上に巻いて火を通したところ。

IMPERIAL HOTEL *restaurant français*

雷鳥のインペリアル風 トリュフを香らせた蕎麦と一緒に（recette→P292）
Grouse à l'Impérial, soba à la truffe

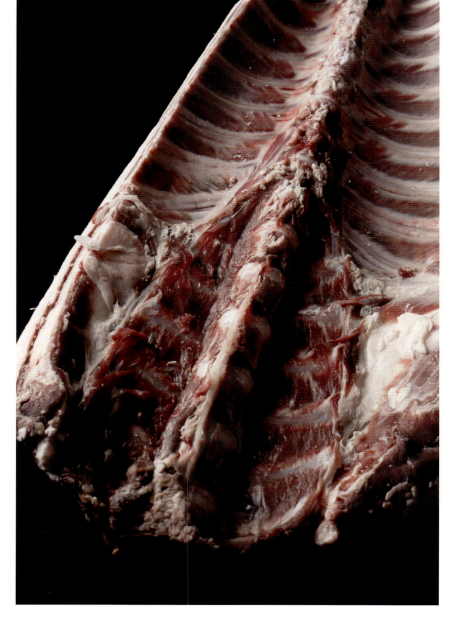

Chevreuil

鹿

フランスでは東欧の鹿肉が使われることが多い。北海道産の蝦夷鹿は柔らかく上品な味。

蝦夷鹿のロース肉のロティ 酸味のある柿と薫香をつけたバターをからめたビーツ（recette→P293）
Noisette de chevreuil d'Ezo rôtie, kaki vinaigré, betterave au beurre fumé

automne
秋の食材

栗 Châtaigne

甘みを楽しみ、食感の変化で遊ぶ
commentaire du chef

　現在使用しているのは、茨城の栗です。信じられないくらい素晴らしい。

　フランスで有名な産地はアルデーシュ地方、ドフィネ地方、フランス南西地方です。

　栗は凄く甘くて美味しいですね。しかし、栗の魅力は甘みだけではなく、いろいろな食感があることです。チップスにすれば、ものすごくサクサクしていますし、クリーミーにもなります。元々柔らかい食感ですが、調理方法により様々な食感に変化するのが素晴らしいと思います。フランスにラットratteというじゃがいもがありますが、同じような甘み、ホックリ感があります。

　良い栗を選ぶときは身が締まっているか、表面が輝いているか見てください。渋皮を剥いたときに黄色く綺麗な色で張りがあり引き締まっているのが良い栗の証拠です。

　栗はガルニチュールで使うこともあれば、今回の料理のようにメインで使うこともあります。いろいろな料理を想像してみてください。

[食材概要]

　ブナ科の落葉高木の実。フランスでは栗のことをマロンmarronともいうが、厳密に言うとイガの中に実が一つだけ入っている改良品種のことを指す。シャティーニは一つのイガの中に2〜3個実が入っているものを呼ぶ。

　栗は温帯地域に分布しており、ヨーロッパ栗、アメリカ栗、中国栗、日本栗の4種ある。ヨーロッパ栗の原産地は欧州南部、アジア西部、北アフリカと言われ、ローマ人が好み栽培した栗が現在のフランス周辺に根付いた。栗は栄養価が高く炭水化物、ビタミンC、カリウムなどが豊富で中央山塊地方の食生活に必需品であった。コルシカ島では栗の粉を小麦粉のように料理に使用していた。スープや粥、料理のガルニチュールやファルスの具材に使う。また、マロンクリームやジャム、シロップ煮などの加工品などにする。

　日本には古くから柴栗が全国の山野に自生しており「古事記」にも栗の記載がある。平安時代には蒸して粉にした栗が保存食品として加工されていた。栽培用に改良された日本栗は渋皮が離れ辛いが実の粒が大きいことで有名である。

IMPERIAL HOTEL *restaurant français*

モンブラン 軽やかに 願いを込めて！ (recette→P296)
Mont-Blanc, en version allégée

IMPERIAL HOTEL *restaurant français*

甘い玉葱のロワイヤル フランス産の茸とフォワグラ 栗のヴルテと一緒に （recette→P295）
Royale d'oignons, quelques champignons et foie gras, velouté de châtaigne

automne
秋の食材

日本の精神に触れて分かる食材の真の美味しさ
commentaire du chef

　日本に来て発見した素晴らしい食材です。柿をよく梨と比べることがあるのですが、柿の美味しさ、梨の美味しさは日本に住んでみて初めて分かるのではないでしょうか。

　冬に散歩をしていて、小さな木なのに柿の実が何百個となっているのを見ると柿の形、ビジュアルが綺麗で感動します。柿の食感も好きです。ポシェしても、生で食べても、干しても美味しい。今回紹介した蝦夷鹿の料理にあんぽ柿を使っています。ビネガーであんぽ柿をコンフィにし、鰹節でフュメしたバターとアクセントにしています。

　フランスにも柿はありますが、生まれ育ったトゥールにはありませんでした。フランスでもKakiと呼ばれていて、料理にもデザートにも使います。

Kaki
柿

[食材概要]

　カキノキ科の高木。原産地は東アジア、中国南部付近と考えられている。栽培品種は甘柿と渋柿に大別され、その品種数は1000種ほどあるとも言われている。柿の幼果期の果実には渋み成分である可溶性タンニンが含まれているが、甘柿は成長していく過程で不溶性タンニンに変わり渋みを感じなくなる。渋柿は果実が成熟しても可溶性タンニンが変化しないため渋みを感じるので渋抜きをしないと食べられない。

　ヨーロッパには19世紀に日本から柿が移入され栽培されるようになった。フランスではカキkakiと呼ばれているが、別名プラックミーヌplaquemine、フィグ・カックfigue caque、アプリコ・デュ・ジャポンabricot du Japonとも呼ばれる。柿の栽培は世界各国に広がり、イタリア、イスラエル、スペイン、オーストラリア、ブラジルなどでも生産されている。

　日本には大陸から奈良時代、また

は、平安時代に伝わったと言われている。その後、品種の細分化が進んだ。柿は甘く生でそのまま食べることが多いが、和え物、漬け物などにして風味付けしたり、干し柿やペーストなどに加工したりする。果実ではないが、葉が持つタンニンの防腐効果などを利用して柿の葉寿司などにも活用される。主産地は福岡、奈良、和歌山、岐阜、愛知、山形など。

IMPERIAL HOTEL *restaurant français*

日本で古くから栽培されている柿。在来品種も多く日本の風土にあった果実といえる。

柚子のジュレとジンのグラニテをあわせた柿 (recette→P297)
Kaki en gelée de yuzu et granité gin

チーズ農家を訪ねて

" ラリュック夫妻はヴォワザンシェフとは15年来の付き合いになるシェーブルチーズ農家。家族3人で100頭を超える山羊と羊を飼育しながらチーズを生産している。ここにいる山羊と羊たちはラリュック家の愛情をたっぷり受けているので皆とても幸せそうな顔をしている。

" 山羊の赤ちゃんカプシーヌを抱く娘のソフィ。両親をサポートするしっかり者。

IMPERIAL HOTEL *restaurant français*

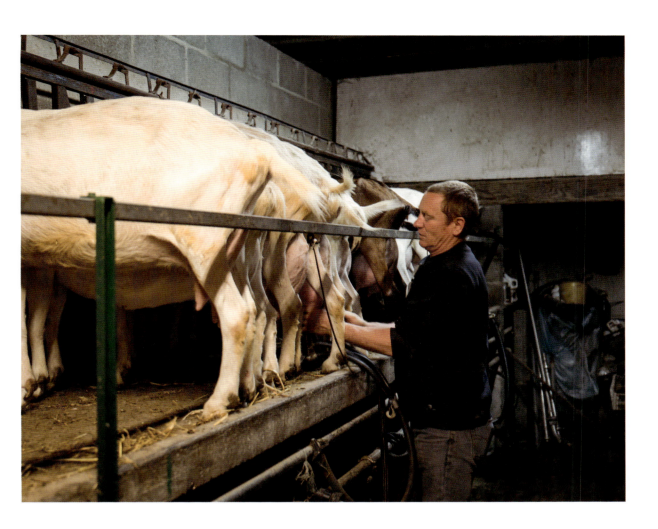

" 山羊と羊の搾乳台。一度に25頭の搾乳ができる。搾乳は1日1回。2回行うより濃厚な乳が搾れるという。

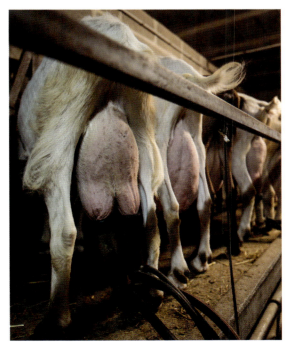

" シェーブルチーズ作り。山羊の乳に乳酸菌を入れて24時間置き、固まってきたらチーズの型に入れる。型には小さな穴が沢山空いており、自然に水分が抜けていく。半分くらいの大きさになったら取り出し熟成させる。レ クレイエールでは今もこのチーズが堪能できる。「産物は作る人に似ている。彼らが作るチーズは非常に正直でまっすぐな味がします。」とヴォワザンシェフ。

帝国ホテル レ セゾンの季節の食材とフランス料理
IMPERIAL HOTEL 'Les Saisons' de Thierry Voisin

季節の食材と料理

hiver
冬の食材

Truffe
トリュフ

Coquille Saint-Jacques
ホタテ貝

Langoustine
ラングスティーヌ（アカザエビ）

Oursin
雲丹

Bulot
つぶ貝

Gamberoni
ガンベローニ

Nodoguro
のどぐろ

Butternut
バターナッツ

Pigeonneau
仔鳩

Volaille
鶏

Chocolat
チョコレート

Pomme
林檎

Yuzu
柚子

hiver
冬の食材

Truffe

トリュフ

誇り高き香りと歯ごたえのある食感で美食家たちを魅了

commentaire du chef

　フランス産の黒トリュフの80％はヴォークリューズ産、残りの20％がペリゴール産です。12月から3月末頃に採取されますが、一番美味しいのは1月、そして2月です。

　良いトリュフを入手するのは非常に困難だと言えるでしょう。なぜなら、例えば3kgのトリュフを掘った人がいたとします。その中のエクストラ、特級と言われるものは300gしかない。希少価値の高いとても上質なトリュフです。採取した人が仲買人に売り、それを購入した商売人が何処に売るか決めるのです。特級のトリュフはミシュランの星付きレストランなど、売り先はほぼ決まっていると言われています。残りの2.7kgは加工品、ジュ・ド・トリュフや缶詰などにします。

　トリュフを選ぶとき、外形がしっかりと丸みをおびているものを選んだ方が美味しいトリュフにあたる確率は高くなります。また、中の状態も大切です。菌糸が細かい白い血管のように全体によくいき渡っているものが、よいクオリティの証拠になります。大きさは重さが50gから80gぐらいのものの方が美味しいトリュフである可能性が高い。もちろん、トリュフは大きければ大きいほど高額になります。

　食べ方はシンプルが一番美味しい。お米とか、フィユタージュとか、ジャガイモなど、シンプルなものと合わせるとトリュフが引き立ちます。

　今回ご紹介したパイ仕立てはもちろん火は入っているのですが、トリュフの中心はカリッとした食感が残っています。カリッという歯ごたえはトリュフの素晴らしいところでもあります。トリュフは香りと食感が大切なのです。

[食材概要]

　トリュフとはセイヨウショウロタケ科のキノコ（菌類）の一種。オーク、栗、ハシバミ、ブナの木などの樹木の根に生息し、お互いが吸収・生成する養分を交換し合う共生関係を営んでいる。トリュフは形も大きさも不揃いの塊状か球形で色は黒かかすんだ褐色、または、灰色か白。成熟すると強い香りを放ち、動物たちを誘う。自らエサとなることで繁殖を促すためだ。この特性から現在も地中のトリュフを探すのにこれらの香りに敏感な豚や犬が使われる。

　トリュフの芳香成分は種類によって異なり、世界中には何千種もの多種多様なトリュフ類が分布されているが、人間の嗜好に合う種は少ない。現在食用とされているトリュフにはフランスで好まれる黒トリュフ、イタリアで主に産出される白トリュフ、そして他数種類のトリュフがある。黒トリュフ truffe noire は食用のトリュフの中で最高級品と評され、別名ペリゴールトリュフ truffe de Périgord（学名：*tuber melanosporum*）と呼ばれている。産地はペリゴール地方をはじめ、ロット県、ケルシー地方、南仏プロヴァンス地方、ヴォークリューズ県、トリカスタン地方、ガール県などフランス南西部や南東部に分布されており、11月中から3月頃まで収穫される。

　トリュフは世界中から需要が高まる一方だが、収穫量は減少しており、栽培の研究が推進されている。フランスでは黒トリュフの菌糸や胞子を混ぜ込んだ苗を作り、共生する樹木の根に植栽するトリュフ農園を作り採取している。また、近年アメリカやニュージーランド、オーストラリアなどでも黒トリュフの栽培は成功している。中国でも自生しているトリュフ（学名：*tuber indicum*）が採取され輸出されているが、いわゆるヨーロッパの黒トリュフとは厳密には別の種である。日本でも多くのトリュフが発見されており、まだ未開拓であるアジア地域を含めて今後の研究が期待される。

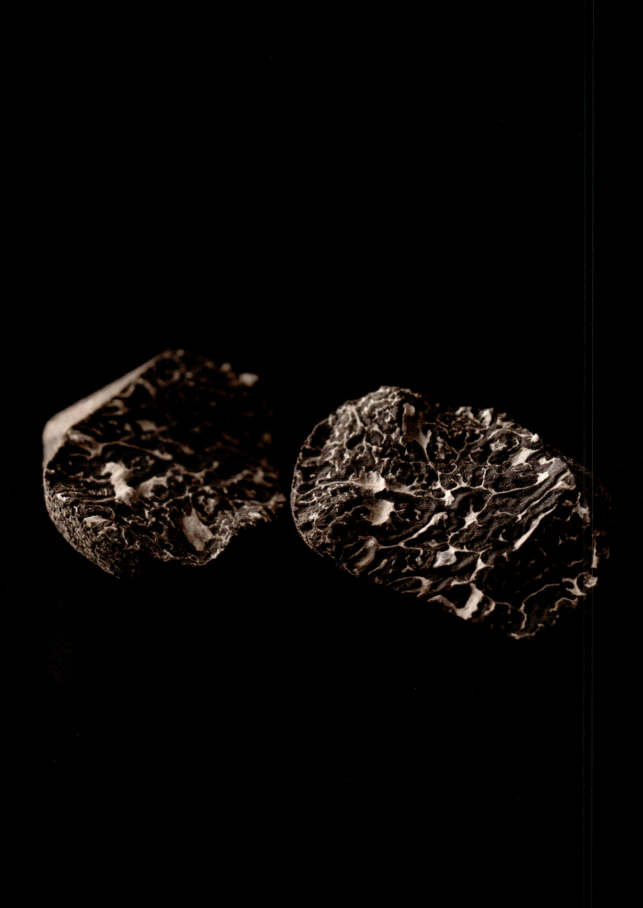

上：細かい突起に覆われている黒トリュフの表皮。
左下：黒トリュフの全形はゴツゴツとした塊状である。
右下："ジェラール・ボワイエ"氏直伝の黒トリュフのパイ包み焼き

"ジェラール・ボワイエ"氏直伝の黒トリュフのパイ包み焼き (recette→P298)
La fameuse truffe en croûte comme me l'expliqua Gérard Boyer aux Crayères

hiver
冬の食材

Coquille Saint-Jacques
ホタテ貝

[食材概要]

カキ目イタヤガイ科の大型の二枚貝。ホタテ貝を意味するサン・ジャックSaint-Jacqueという名前は、スペインにある使徒ヤコブが殉教した地であるサンチアゴ・デ・コンポステラSantiago de Compostela（フランス語でSaint-Jacques de Compostelle）に向かう人々がホタテの貝殻を印として身につけ巡礼したことが由来していると言われる。

フランスでホタテ貝というと、主に大西洋で獲れるヨーロッパホタテ貝、地中海でとれるジェームズホタテ貝を指す。分類としては日本で獲れるホタテ貝よりもむしろ日本のイタヤ貝に近い。

殻幅は約10〜15cmのもが出荷される。(10.2cm以下の物は収穫禁止。フランスでは厳しい漁獲制限がある)

フランス料理では貝柱noixとコライユcorail（生殖巣）を主に使用し、日本で食されるひも、barbe（外套膜）は取り除かれる。（但し、フュメやソースを作るときなどには使用することもある。）

日本では、ホタテ貝は北日本を代表する食用貝。古くは収穫量が少なく、高級品であり市場に出回ることは少なかったが、現在、養殖技術の進歩により安定した供給がされるようになった。養殖方法は稚貝を放流して自然に育つのを見守る「地まき方式」と海中の施設に入れてつるして育てる「垂下方式」などがある。北海道、青森、宮城、岩手などで主に生産されている。産卵期前が旬とされている。寒流系の寒水域を好む。

殻付きの活きがいい物を選ぶ。既にむき身に加工されて販売されているものもある。

寒冷な海の恵みにはぐくまれた
新鮮で良質なホタテ貝を選ぶ
commentaire du chef

　フランスのホタテ貝の産地であるノルマンディやブルターニュでとれたホタテ貝と日本で漁獲されたものは多少違うように感じます。

　まず、ホタテ貝の貝殻の見た目が違います。だからと言って食べたときに味にものすごく違いがあるかというとそれほど大差はないのですが、食感に違いを感じます。北海道産のホタテ貝の良いところは生息する海水の温度が低いのでホタテ貝の食感が他の産地のものと比べて歯ごたえがあります。これは他の魚にも言えることですが、海水の温度が低いことによって身の質が引き締まり歯ごたえが変わります。

　フランスではホタテ貝は冬が旬。11月または12月から3月位までが旬です。ホタテ貝は鮮度が重要ですから、生きているものを選ぶようにしています。また、大きさも非常に大切です。貝柱だけで一個約50〜60gが必要です。つまり、それだけの大きさがあれば厚みもあるのでいろいろなことができます。貝柱をスライスしたり、表面だけに火を入れて外側をパリっとさせ、中はしっとりしているように加熱することもできます。

　ガストロノミーですから、貝柱一個で迫力がないといけません。

　下準備においては、貝柱を洗うときに砂が残らないようにすることが大切ですが、水の中に入れっぱなしにすると美味しい要素も出てしまうので気をつけなくてはいけません。美味しく調理するためには、素晴らしいホタテ貝を手に入れることが重要です。

ホタテ貝のロティ 蜂蜜とトリュフの香りをつけた根菜のエチュベ レフォールに灯をともして（recette→P299）
Saint-Jacques rôtie sur un étuvé de racines au miel et jus de truffe, raifort pour mettre en lumière

IMPERIAL HOTEL *restaurant français*

左上：左から紅くるり、紫しぐれ大根、京人参、
紫人参、ウズマキビーツ、下は紅芯大根。
右上：紅くるりの千切り。
左下：ホタテ貝
右下：ホタテ貝をロティしたところ。

hiver
冬の食材

Langoustine

ラングスティーヌ（アカザエビ）

凝縮された濃厚な甘みと食感は数秒単位の火入れで保たれる

ommentaire du chef

　駿河湾のラングスティーヌ（アカザエビ）は美味しい、かつ非常に素晴らしい。ブルターニュ産も良いですが日本のラングスティーヌの方がクオリティは高いかもしれません。日本のラングスティーヌは甘味と食感が素晴らしい。大きさも1尾50gくらいあります。

　良いラングスティーヌを選ぶには、目が黒く艶があるかどうかよく見てください。そして、全形が良いものを選びます。

　ラングスティーヌはポシェ、生、頭を煮出して作ったジュレ、様々な調理に使います。火を入れるときは気をつけてください。15秒を超えるか超えないかで全く食感が変わるのです。

　例えば日本人のお客様の中には指揮者カラヤンが素晴らしいとおっしゃる方がいらっしゃいます。良い耳をもっていらしてカラヤンのタイミングを評価されるのですが、5秒くらいタイミングが違うと結果が違ってしまうとおっしゃいます。同様に、料理に対してもお客様はものすごく敏感でいらっしゃいます。それと同じように、お客様の中には5秒火を入れるのが長かったか、または、短かったかがわかってしまうくらい敏感な方がいらっしゃるのです。

[食材概要]

　十脚目アカザエビ科の歩行型のエビ。ヨーロッパアカザエビ、または、スカンピやノルウェーロブスターとも呼ばれる。体調は15〜25cm、甲殻は黄色みを帯びたピンク。アイスランド南岸からヨーロッパ西岸、地中海まで広く分布する。フランスの産地はブルターニュ地方南部。主に4月から8月に市場に出回る。味がよくフランスをはじめ、イタリア、イギリスなどでもレストランにおいてニーズの高い食材である。

　日本では同属のアカザエビが房総半島から九州東部にかけて分布するが、市場に広く流通するようになったのは近年になってからである。透き通るような瑞々しい赤い（オレンジ色）体色が植物のアカザの若葉の紅斑に似ているためこの名がついたと言われている。大きく長いはさみの脚を持つことから駿河湾では手長エビと呼び、また、体形がシャコに似ていることからシャコエビと呼ぶ地域もある。水深200〜400mの砂泥底に生息しており、冬から春にかけて底曳き網や底刺し網で漁獲される。主な水揚地は駿河湾をはじめ、東京湾、三河湾など。

　その他少し小振りであるが食用種であるサガミアカザエビは房総半島から台湾にかけて、ミナミアカザエビは土佐湾からフィリピン近海（東シナ海）に分布している。

　アカザエビは甘みが強く濃厚であり生でも加熱調理してもよいが、深海のエビであり、鮮度の落ちが早いので気をつける。

IMPERIAL HOTEL *restaurant français*

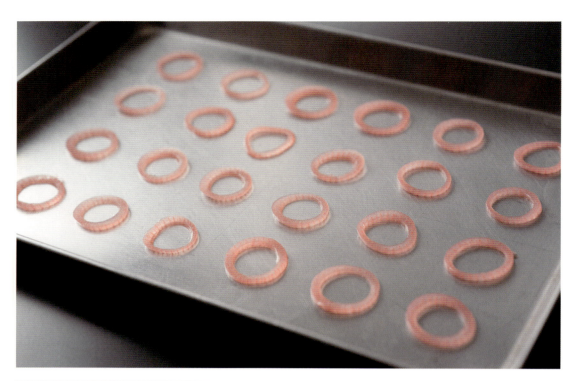

左下：酸味をつけたパールオニオンを並べて。
右下：ラビオリを茹でているところ。

IMPERIAL HOTEL *restaurant français*

駿河湾産のアカザエビを半透明に仕上げて 生姜風味のブイヨンとマンゴー
バターナッツカボチャのラビオリと一緒に（recette→P300）
Langoustine translucide dans son bouillon relevé au gingembre, mangue, raviole de butternuts

左上：メスのラングスティーヌ（アカザエビ）の腹足は卵を抱えている。
右中：神秘的で美しい青色の卵。
下：薄切りにしたラングスティーヌ（アカザエビ）を皿に並べたところ。

アカザエビのカルパッチョと雲丹 海藻と柔らかいジュレと一緒に （recette→P301）
Carpaccio de langoustine et oursins, algues et gelée tendre

hiver
冬の食材

心地よい磯の香りに包まれた高貴な高級食材
commentaire du chef

　雲丹はフランスでは高級というよりはノーブルな食材です。

　贅沢ですが比較的手に入れやすいキャビアやトリュフとは違い、希少価値の高い非常にノーブルな高級食材の分類に入ります。フランスでは大西洋側と地中海で雲丹は獲れますが日本の雲丹とは違います。非常に傷みやすい食材なので一年中獲れるからといってオールシーズン使う食材ではありません。やはり、冬に使う食材です。

　雲丹はフランスでも生で食べることが多いですね。フランスの雲丹は一片一片が小さくて味が濃い。ですから、日本でお寿司屋さんに行くと、ものすごくクリーミーで大きな雲丹が提供されているので驚きます。素晴らしい。

　雲丹は開けてみないとわかりませんが、新鮮で上質な雲丹は殻を開けるとふわりと磯の心地よい香りがあがってきます。

Oursin
雲丹

[食材概要]

　浅海や岩礁地帯、砂場に生息する棘皮動物。総身をトゲに覆われていることからフランスでは「海の栗 châtaigne de mer」「海のハリネズミ hérisson ce mer」と呼ばれる。日本では別名ガゼ（海胆）とも呼ばれる。

　ウニ類に世界各地の海に分布している。基本は球状の殻を持ち上面が口で下面が肛門になっている。身体の構造は主軸を含む面で5つの部屋（五放射相称）に別れている。コライユcorailと呼ばれる生殖巣が食用部分で、黄色かオレンジ色をしている。

　多くの種類がいる中で主に食用としてヨーロッパで流通しているのは、ヨーロッパムラサキウニ。大きさは約6~8cmでやや平たい形状をしている。フランスでは地中海で多く水揚げされるが、プルターニュ地方などでも漁獲される。

　日本近海には100種以上のウニ類が確認されているが、食用として市場に出回っているのは、ムラサキウニ、キタムラサキウニ、バフンウニ、エゾバフンウニ、アカウニなど。北海道、青森、宮城、岩手など北方エリアが主な生産地。東京湾以南の南方エリアでも食用種のウニ類も水揚げされる。雲丹は素潜りやヤスで漁獲し、各漁協にて漁期を決めて自然保護管理に努めている。旬は一般的に7月から8月と言われているが、あくまでも目安であり、育成状況は環境などに大きく左右される。

　新鮮な雲丹は棘が固く口をしっかり閉じている。コライユがしっかりと雲丹の形を保っているほうが未熟だが、完熟していると身崩れを起こし風味も落ちる。新鮮なものはコライユの潮の香りが強い。また、殻からコライユを取り出して形がだれるのを防ぐためミョウバンに浸けた後、箱に詰めた状態「箱ウニ」として市場に出ることも多いが、ミョウバンに浸けると苦みがでる。海水で掃除しただけの生雲丹の箱詰めは高級食材として販売される。

IMPERIAL HOTEL *restaurant français*

IMPERIAL HOTEL *restaurant français*

[食材概要]

　エゾバイ科の巻貝のうち食用としている種類を総称して「つぶ」と呼ぶ。フランスではビュロ bulot と呼ばれるヨーロッパエゾバイ貝が近縁。イギリス海峡や大西洋の海岸にて多産される。ラン ran、ピュクサン buccin とも呼ばれ、地中海沿岸ではカスク・エピヌー casque épineux（とげかぶとの意）と呼ばれている。フランスではシンプルに茹でて食べることが多い。

　つぶ貝は殻が紡錘形、円すい形であり壺のような形をしているので「つぶ」と呼ばれるようになったと言われる。「つぶ」とは元々は北海道以北、ベーリング海まで分布するエゾボラ貝の別名であった。「まつぶ」、「つぶ」などと呼ばれていた。近年、その味の良さから全国的に人気が高まり、同じ寒流域の海に生息している多種多様な貝類は明確な棲み分けが出来ておらず、エゾボラ貝同様「つぶ」と称されることが多い。日本は南北に長く、様々な自然環境を有する海岸が入り組んでいるため、世界的に見ても多品種の貝が生息する地域の一つである。つぶ貝を食べるときは、唾液腺にテトラミンという毒素があるのできれいに取り除くことが大切である。

Bulot
つぶ貝

生の貝を食す文化に目覚めさせてくれた香りと甘みと食感
commentaire du chef

　つぶ貝はフランスで食べられているビュロと形は同じなのですが、味は違います。日本で漁獲されるつぶ貝の方が磯の香りと甘みがあります。食感は滑らかでゴムみたいに固くありません。ですから火入れには非常に気を使います。

　つぶ貝は好きな食材です。以前、ある銀座の寿司屋に食事に行ったときのことですが、握り寿司21貫を食べた後で、「もう一回食べたいものはありますか？」と聞かれたときに迷わず「つぶ貝をください。」とお願いしました。お店の方はとても驚いていました。私はつぶ貝が大好きです。牡蠣を除いて、フランスには貝を生で食べるという文化がありません。生の貝の美味しさについては日本が私を目覚めさせてくれたのでしょう。フランスではビュロは茹でてマヨネーズをつけて食べることが多いのです。プラトー・ド・フルイ・ド・メール plateau de fruits de mer（海の幸の盛り合わせ）という大きな金たらいみたいなものに沢山の魚介を盛りつけて出す前菜があります。その中にビュロは入っており、バターをつけて食べたりします。

Gamberoni
ガンベローニ

赤珊瑚色をした深海に生息する力強い味わいの希少なエビ
commentaire du chef

　ガンベローニは非常に珍しく貴重なエビです。ヨーロッパでさえ貴重な食材とされています。深海にまで獲りにいかなくてはならないからです。味は甘いのですが、力強い。男性的なパンチの効いたエビです。（エビは鮮度の落ちが早いので）冷凍しないとヨーロッパから輸入出来ません。時間をかけてゆっくり自然解凍してから調理します。

[食材概要]

　ガンベローニ gamberoni とはイタリア語でエビのことを指す。（単数形はガンベローネ gamberone）大きさは日本の車エビ程度で色は綺麗な赤珊瑚色をしている。一般的に赤エビと言われているガンベロ・ロッソ gambero rosso よりしっかりとした濃厚な味わいと香りがある。高級なエビである。

上:貝殻の中に見えるツブ貝の中身。
中:オレンジ色をした雲丹のコライユ。
下:赤珊瑚色のガンベローニ。

アミューズ・ブーシュ
（柚子を香らせた雲丹 イカ墨のガレット / 生姜のババロワにシャンパーニュ・ジュレ /
"棒付きキャンディー" つぶ貝とカレー風味）（recette→P302, P303）
Amuse-bouche　oursin / verrine / "Sucette" de coquille et curry

hiver
冬の食材

Nodoguro
のどぐろ

繊細な身質を持つ脂がのった白身の貴重な高級魚

parole du chef

フランスではのどぐろ自体は市場に出回っていない魚です。

初めて日本で食べたときはとっても脂がのっている素晴らしい魚だな、と思いました。日本人は特に脂がのった魚が大好きです。よいのどぐろを見極めるのは、目がちゃんと輝いているもの、身が引き締まっているものを選んでください。

のどぐろはとてもデリケートな魚なので、火入れに気をつけることが重要です。今回のレシピは最初にガレットを広げて焼き、形が整い固くなったらその上にのどぐろをおいて、ゆっくりフィレに火を入れていきました。このインスピレーションはパリのルカ・カルトンのジュリアン・デュマ氏の一皿から受けました。本当に素晴らしかった。とても印象に残っていたので、ぜひ日本のお客様にも食べて頂きたい、とジュリアンに話をしました。そして、レ セゾンでアレンジして提供することになったのです。料理人同士の交流で生まれたレシピです。

のどぐろの他にも脂ののった魚はいますが、シマアジ、サワラなども好きです。

[食材概要]

スズキ目ホタルジャコ科の海産魚。体長約30〜40cmほどで水深約100〜200mのやや深い岩礁に生息する。房総半島と新潟以南、東部インド洋、西大平洋に分布する。東京ではアカムツ（赤鯥）と呼ばれる。東のキンキ（金目鯛）、西ののどぐろ（赤鯥）、と言われるように東日本、及び、西日本エリアの海に生息する赤い体色を持つ魚の高級魚として対比されることも多い。「鯥」は「むっこい」「むつこい」＝「脂っこい」という意味。年間を通して脂がのっているので「白身のトロ」と称されることもある。体色は赤いが口の中が黒いことから、のどぐろ、または、のどくろと呼ばれる。

島根、長崎、山口などが主な産地であり、ブランド化が確立されている。韓国からの輸入も多い。島根では鱗がはがれやすく白っぽくなったものの方が、非常に脂がのっているとされており、高い値がつくこともある。

旬は産卵期前の7月から8月、または、12月から2月という2通りの説がある。

身が引き締まり固く、目が澄んでいるものを選ぶとよい。

左:赤い体色を持つのどぐろの全形。
右:のどぐろの口の中は名前の由来通り黒い。

のどぐろを「ジュリアン デュマ氏直伝のレシピ蕎麦粉のガレット」で包んで
トリュフクリームに絡ませた蕎麦 酢橘のシャンティーと （recette→P304）
Nodoguro en dentelle de sarrazin, soba à la truffe noire, chantilly sudachi
Merci Julien Dumas pour cette belle dentelle.

hiver
冬の食材

[食材概要]

ウリ科のカボチャ類。カボチャ類の原産地はメキシコ、アメリカ南部または中央アメリカの北部と言われている。多数の品種があり様々に分化し発達しているが、その一種がバターナッツである。

現在日本で栽培されているカボチャは、西洋カボチャ、ペポカボチャ、そして、日本カボチャ。世界でもこの3種が広く栽培分布している。

古くは16世紀にポルトガル人が日本カボチャを伝えたとされ、福島、新潟以南の日本の気候に適していたことから各地に伝わり栽培された。水分が多いため、ねっとりとした味わいで煮物に適し、醤油や脂との相性もよいとされていた。

西洋カボチャは19世紀中頃日本に伝わったが、中央アメリカから南アメリカ高原地帯が原産であり高温多湿を嫌い、明治時代に多くの品種を導入し、北海道、東北、長野を中心に栽培され品種が分化した。果実は大型で表面は滑らか、日本カボチャより甘みが強く、加熱するとほくほくした食感がある。現在の主流の品種である。

ペポカボチャは、19世紀末に、中国より伝来した攪糸瓜(かくしうり)が金糸瓜、そうめんカボチャ、なます瓜など名前を変えて栽培、定着した。また、20世紀末に現在のズッキーニの改良品種が伝来、各地で栽培されるようになった。

バターナッツは日本カボチャに属し、鐘型群に分類される。果実は典型的な洋梨型で果皮は柔らかく成熟果を食べる。

フランスでは夏から秋に出荷されるカボチャと冬に出回るカボチャにわかれる。夏カボチャはいわゆるペポカボチャ類。ズッキーニ(カボチャ類)やそうめんカボチャなどに代表され、形や皮の色など多種多様な種類がある。

冬カボチャは一般的なカボチャで、夏から秋にかけて収穫するが、保存性が高いので冬中市場に出回る。西洋カボチャと日本カボチャがあるが、日本同様、西洋カボチャ類の栽培が主流。

Butternut
バターナッツ

コクのあるカボチャ本来の香りがする鐘型の品種

commentaire du chef

　すごく美味しいのでバターナッツは好きです。

　普通のカボチャよりコクがある。カボチャらしい香りがしっかりしています。

　ポピュラーではありませんがフランスにも市場にありました。

　良いバターナッツを選ぶには、身がしまっているか、固いか、重いか、この3点に気をつけて下さい。バターナッツは一年中手に入れることができますが、カボチャは冬に使うことが多いですね。

IMPERIAL HOTEL restaurant français

左上、左下：バターナッツをオーブンで焼いたところ。
右上：トンカ豆とそのすりおろし。
右中：カカオのクルスティヤント。
右下：フォワグラのロワイヤルにバターナッツカボチャのヴルテ クルスティヤントにしたカカオとトンカ豆。

IMPERIAL HOTEL *restaurant français*

フォワグラのロワイヤルにバターナッツカボチャのヴルテ
クルスティヤントにしたカカオとトンカ豆（recette→P305）
Royale de foie gras et velouté de butternuts, croustillant cacao et tonka

hiver
冬の食材

Pigeonneau
仔鳩

ふっくらして形が良く肉質のしっかりしている仔鳩を選ぶ

commentaire du chef

　通年を通してピジョンを提供していますが調理方法や合わせる食材で季節感を出します。

　よいピジョンを選ぶには、重さがあり、胴体の形、胸肉がふっくらしてよい形であり肉質がしっかりしているかを見極めます。肉の柔らかさも重要です。

　冬になると野生鳩も狩猟されます。天然の鳩は身がグッとしまっている感じがあります。

　飼育された家禽とすごく違うとは言えませんが、野生鳩の方がやはり味にパンチがあり野性味があります。ジュ・ド・ピジョンは鳩の骨と赤ワインと水で作りますが、簡単そうですがそれが難しい。

　フランスでは鳩に限らずジビエは家庭でも食べます。きじ、山鶉など料理を祖母が作ってくれたことを覚えています。

[食材概要]

　生後一ヶ月程度の若い鳩Pigeonを指す。鳩はハト目ハト科の鳥の総称。北極、南極、砂漠地帯以外の何処にでも生息する。ジビエとして野生鳩は食されているが、古くから飼育もされており家禽として普及している。主な産地は、ペイ・ド・ラ・ロワール地方、ポワトゥー=シャラント地方、ブルターニュ地方。肉質は柔らかく、ローストして食べることが多い。

　鳩は古代から人間に食用、伝書用、観賞用など多くの目的で飼育されてきた。

　旧約聖書では平和の鳥の象徴として、また、ギリシャ神話では、美の女神アフロディテなどの聖鳥として描かれている一方、紀元前2600年頃のエジプトでは食用として飼育されていた。

　ジビエであるモリバトpigeon ramierはフランスでも最もよく見られる野生鳩。ほぼヨーロッパ全域に分布している。飼育されている鳩とは見た目、肉質、香りなどが異なる。カワラバトpigeon bisetは別名岩の鳩pigeon de rocheとも呼ばれ、伝書用、食用など飼育されている鳩の元とも言える。現在でもブルターニュ地方やプロヴァンス地方、その他山岳地帯で見られる。

　日本では鳩はあまり食される習慣はないが、フランス料理の普及に伴ない仔鳩は高級食材として提供される機会は増えてきている。日常公園などで見かけるカワラバトは肉が臭く、保菌していることが多いので食用に活用されることはない。日本産の鳩で食用とされるのはほとんどが野鳥のキジバトで日本各地に生息している。野鳥の狩猟は規制されており、解禁期間は11月15日から2月15日、禁猟区もあるので注意が必要。

IMPERIAL HOTEL *restaurant français*

左：バロティーヌの準備、黒トリュフとラルドスタジオナートを交互に並べて。
右：バロティーヌを半分に切ったところ。

仔鳩のバロティーヌ仕立て フォワグラと葱と共に トリュフ風味のジュで（recette→P306）
Pigeonneau en ballottine au foie gras et negi, jus à la truffe

hiver
冬の食材

日本産の鶏の素晴らしさを気づかせてくれた薩摩シャモ
commentaire du chef

鶏インフルエンザの影響でフランスから肥育鶏プーラルドが輸入できない状況が続いています。そのためプーラルドpoulardeに変わる美味しい鶏を探していました。そのときに出会ったのが薩摩シャモです。

薩摩シャモは胸肉と腿肉の食感に違いがあり、ロティしたりガラで出汁をとったりすると、素材の良し悪しが分かります。特に、ガラを使ったときに、真価が問われます。形が良くて胸に肉があるもの、ふっくらとして肉付きが良い鶏を選んでください。

調理するときは、まず、胸と腿で火の入れ方を変えることが大切です。例えば、今回ご紹介した料理です。バロティーヌは中に入っているのが腿肉です。ファルスを包む周りが胸肉です。ファルスは腿肉、フォワグラ、豚などで作り、しっかりと火を入れます。胸肉を平にして、真ん中にファルス入れて巻き、ポシェする。後はバスマチ米のピラフです。フォワグラを入れて、トリュフをふりかけました。

誰にでも気に入ってもらえる、食べる人を選ばない安定した料理を目指しました。多くのお客様からご好評いただいております。

Volaille
鶏

[食材概要]

Volaille ヴォライユとは広義の意味では家禽であり鴨、鶏、七面鳥、鷺鳥、鳩、ホロホロ鶏、ウズラなど食用に飼育される鳥類の総称である（フランスでは兎も加える）。一般的には若鶏や雌鶏のことを指すことが多い。キジ科ニワトリ属の鳥類。

鶏は東南アジアの野生の赤色野鶏が飼育されるようになり家禽化され、インド、中国で改良されながら、アジアやヨーロッパに分布されたと言われている。当初飼育した目的は時を告げさせるためや鑑賞用、闘鶏用に使うためであったと言われているが、鶏が採卵や肉食用に飼育されるようになり世界各地で多くの品種が作出され様々な料理に使われて来た。アメリカが発祥のブロイラー（肉用若鶏）により大量生産することが可能になる。

フランスにおいて鶏は食肉用、採卵用、観賞用のために飼育されている。アメリカ式の養鶏であるブロイラーの導入に反発した形で伝統的な飼育法や品種などを保護するために、また、品質の差別化をはかるためにAOCやラベル・ルージュなど「優れたクオリティを証明する」ための制度があり銘柄鶏が指定され高品質化が進んでいる。特に、AOCに認められているのは、唯一ブレス産の鶏のみである。ブレスの鶏volaille de Bresseまたは若鶏poulet de Bresse、ブレス産肥育鶏poularde de Bresse、ブレス産去勢鶏chapon de Bresseなど。

日本において鶏は弥生時代以降飼育されていたと考えられているが、江戸時代に現在に残る日本鶏が各地で誕生した。肉用種、卵用種、肉卵兼用種、観賞用の4種に大きく用途が分けられ、食用肉には、低価格と品質の均一化がされたブロイラーの生産量が多くを占めている。しかし、最近ではブロイラーの万人受けする柔らかくクセのない肉質に物足りなさを感じる消費者の需要に応え、伝統を受け継ぎ昔から土地の鶏を改良して定着化した地鶏、その地鶏に別の品種をかけ合わせたもの、また、品種や飼料、飼料日数、管理などをブロイラーと差別化した交配種の特産地鶏など食感や風味にこだわりを持たせる銘柄鶏のブランド化が盛んである。代表的なものとして、シャム（タイ国）から伝来した闘鶏用の軍鶏を取り入れた薩摩のシャモ、名古屋コーチン、秋田の比内鶏などがある。

IMPERIAL HOTEL *restaurant français*

左:バスマチ米のピラフの上にファルシをのせてソースをかける。
右:トリュフのスライスをふりかけて仕上げる。

豪華に仕上げた薩摩シャモのファルシ フォワグラを加えたバスマチ米のピラフと黒トリュフ（recette→P307）
Volaille richement farcie, riz basmati au foie gras et truffes

Chocolat
チョコレート

hiver
冬の食材

美味しい苦みはカカオの含有率で決まる
parole du chef

チョコレートを嫌いな人はあまりいないですよね。チョコレートは私の子供の頃の記憶と結びついています。ガトー・ショコラ gâteau au chocolat やカトル・カール・ショコラ quatre quart au chocolat（チョコレートのパウンドケーキ）をよく食べました。

デザートや料理にチョコレートを使うとき、カカオ含有率が重要になります。カカオ含有率が上がれば苦みが増します。でも「苦み」は心地よいですよね?「美味しい苦み」「良い苦み」を出したいと思っています。

私は通常、チョコレートを使うときはカカオ含有率70％以上のタイプを使います。

料理にもチョコレートを使います。赤ワインソースにチョコレートを加えることもあります。トリュフとチョコレートはすごく相性がいい。

チョコレートを保存するときは、匂いを吸収しやすいので、周りに他の食材を置いておくとその匂いを取り込んでしまうので気をつけてください。

[食材概要]

チョコレートの原料であるカカオの栽培はメキシコ及び中央アメリカにおいて高度な文明で栄えていたマヤ族、アステナ族に代表されるメソアメリカ文明に起源を持つ。彼らはカカオを飲料として、トウモロコシと合わせたり、胡椒や唐辛子で風味をつけたりして味わい。また、様々な料理にもカカオを活用していた。彼らにとっては高価で貴重な作物であり、通貨として代用するほど価値があった。

カカオをヨーロッパに伝えたのはアメリカ大陸を発見したコロンブスである。17世紀、スペインの上流階級の人々の間で広まると、フランスも同様、高価なカカオの飲料であるチョコレートは、貴族や聖職者たちなどの間で人気が高まった。賛否両論あったようであるが、チョコレートには薬効、滋養強壮がある快い健康食とされ導入され、美食家として有名なブリア・サヴァランも「美味礼讃」の中でチョコレートを健胃剤、消化剤として推奨している。

多くの工程を経てチョコレートは作られる。

カカオ豆のサヤを開き種と果肉を分け、発酵、乾燥、焙煎、風選（ふるい分け）を行うと薄い殻がはがれ取除かれる。これがカカオニブ。カカオ豆の種類によって変わるがカカオニブの重量の約半分は脂肪である。このカカオニブをすりつぶしたカカオマスから機械処理により脂肪分を取り出す。これがカカオバター。その後に残った副産物がココア。

基本のチョコレートはカカオマスと砂糖を混ぜ、カカオバターを加えて作られる。シンプルなだけにチョコレートの質は原材料であるカカオ豆に左右される。

カカオバターとカカオマスの割合を変えたり多様な風味や乳製品などを加えて特徴を持つチョコレートが作られている。

カカオバター31％、カカオ分35％以上を含有するチョコレートのことをクーヴェルチュール couverture de chocolat という。カカオバターの含有量が多いので溶けやすく伸びがよく製菓材料に適している。

フランスではチョコレート製品はカカオバター以外の油脂を加えることは禁止されている。しかし、EUやアメリカ、日本では他の植物性油脂を加えることは認められている。

日本にチョコレートが伝わったのは、鎖国時代、長崎の出島ではチョコレートが存在していたようである。初めて製造されたのは明治11年であるが、カカオ豆から製造していた訳ではない。本格的にカカオ豆から生産されるようになったのは昭和に入ってからである。

現在、カカオ豆はコートジボワール、ガーナ、インドネシアなどで生産されている。

和の食材である紫蘇の爽やかな香りは
チョコレートとも相性が良い。

願いを込めて軽く仕上げたタルト・ショコラ 生姜風味 カカオと紫蘇のソルベを添えて （recette→P308）
Tarte chocolat au gingembre légère à souhait, sorbet cacao et shiso

hiver

冬の食材

[食材概要]

バラ科のリンゴ属の果実。カスピ海、黒海周辺、コーカサス(カフカス)地方原産とされているが、紀元前4000年スイス湖棲民族時代、ヨーロッパにも自生していたと考えられ、現在までヨーロッパの貴重な果実として栽培されてきた。18世紀以降品種改良が重ねられ、現在約2万5000種以上もの品種があると言われている。世界で最も栽培量が多い果実であり寒冷な中国東北部、カナダ北部からインドネシアの高地まで広く分布している。

フランスでも消費が多い果実である。消費量のうち半分以上が生食用、残りは加工品で、その大部分がシードルやカルバドスなどのアルコール飲料となる。

フランスで生産量が多い品種はアメリカで発見されたゴールデンデリシャス。次いで、グラニースミス、レッド・デリシャスと続く。レネットはフランス産の品種で人気がある。他にもAOC/AOP認定のリムーザン地方の林檎pommes du Limousin、IGP認定のアルプ・ド・オート・デュランスの林檎pommes des Alpes de Haute Durance、サヴォワ地方の林檎pommes de Savoieがある。

日本には中国林檎が鎌倉時代に伝わったとされるが、現在の林檎は江戸時代後期から明治時代初期にかけて主にアメリカより伝わった。多くの品種の中から国民の嗜好にあったのは紅玉と国光の2品種であり、長く栽培されてきた。戦後多くの品種改良がされ、国光とデリシャスを交雑栽培したふじが、ぱりっとした食感と果汁が多く甘みが強いことが生食に適しており、栽培品種の6割以上を占めるようになった。現在、早生のつがる、中生のジョナゴールド、晩生の玉林などが生産されている。紅玉は果肉が緻密で香りがよく、酸味が強いが爽やかな口当たりで調理や加工品に最適とされている。

Pomme
林檎

果実の爽やかな香りと酸味のアクセントを料理に加味する

Commentaire du chef

妻の父が作っている林檎がとても好きです。仕事で作っているのではなく趣味で作っているのですが、彼は林檎のスペシャリストです。レネット・クロッシャールreinette clochardという小さい林檎を育てていたと思います。見た目は表面にしわが寄っている感じなのですが、繊細な味と食感に驚かされます。身がしまっていて酸味と甘みのバランスが素晴らしい。

林檎を加えることによって料理に酸味のアクセントや爽やかなアクセントがもたらされます。デザートに使うときは酸味を重視しています。

hiver
冬の食材

柚子 Yuzu

個性的でエレガントな香りは
主張しすぎない量と料理とのバランスが重要

Commentaire du chef

　柚子を使うときは気をつけなくてはいけません。なぜならば、柚子はエレガントとはいえ、とても強い香りがするからです。

　香酸柑橘類には酢橘などもありますが、柚子はその中でも最も個性が強いので、どのような食材と合わせるか、どのように使うか気をつけています。フランス料理で香りを生かすためには、使う量とバランスがとても大切で、お客様が召し上がったときに、「ほのかに柚子の香りがするけど、使っているのか、使っていないのか、どちらだろうか?」と思わせるくらいがいいと思っていますが、ひっそりと使うのが難しい香り豊かな食材なのです。

　料理に使うときは、最初に柚子が主張するほど香ってしまったら失敗です。ただし、デザートで柚子を使うときは柚子を全面に出しても良いでしょう。

[食材概要]

　ミカン目ミカン科の香酸柑橘の一種。糖の含有量が少なく酸味が強く、香りがよい。中国原産であり、揚子江上流、雲南に分布している。日本へは、唐の時代以前に北京、朝鮮半島を経て伝わったと言われているが定かではない。

　寒さに弱いレモンやライムなどの柑橘類の中で耐寒性が強く東北地方まで分布しており、植えたきりの放任栽培をしている産地も多い。本格的に管理園化している生産者が多いのは、2大産地である高知と徳島と言われている。愛媛、宮崎、鹿児島、和歌山、大分などでも柚子は収穫される。

　旬は大きく2期ある。成熟する前の緑色の果実はハウスもので4月から出始め、8月から9月露地物になる。昨今人気の調味料である柚子胡椒はこの青果の柚子の皮のすりおろしと青こしょう(青唐辛子)と塩をすり合わせたもの。成熟した黄色い果実の旬は11月中旬から12月いっぱいの40日あまりと言われるが、実際には10月頃から出回り収穫後に貯蔵、翌3月頃まで流通する。

　かつての柚子の表面はでこぼこした肌目の印象があるが、近年、光沢ある美しい肌の柚子のほうが品質を高評価される。このような柚子は収穫全体の3割程度であり値は高くなる。

　圧搾してとれる柚子のジュースを酢の代用品として産地では焼き魚や刺身、鍋、などに活用し、料理に風味を加え、味を引き締める。醤油などの代用品として使い塩分を抑える効果も見込める。

　柚子の用途としては、生果より圧搾した絞り汁、果皮が利用される。

　生食するのではなく、香りや酸味を利用して伝統料理や薬用に活用されてきた。

　強い酸味と独特な香りは料理の味を引き立てるのに有効であるが、調理の温度や時間により香り成分が揮発するので注意する。主な香り成分はd-リモネンなど果皮にある低沸点のエステル、アルコール類だからだ。

　果汁や果実は調味料、ジャム、マーマレード、飲料、菓子など多種多様なものに加工される。

IMPERIAL HOTEL *restaurant français*

林檎の飴細工や中に詰められたソルベ、グラニテ、クリームなどの様々な食感が楽しめる。

一つの林檎 （recette→P309）
Une Pomme

IMPERIAL HOTEL *restaurant français*

フロマージュブランのコンポジション　フランボワーズ
柚子とレモンのソルベ　(recette→P310)
Composition de fromage blanc, framboises et sorbet citron / yuzu

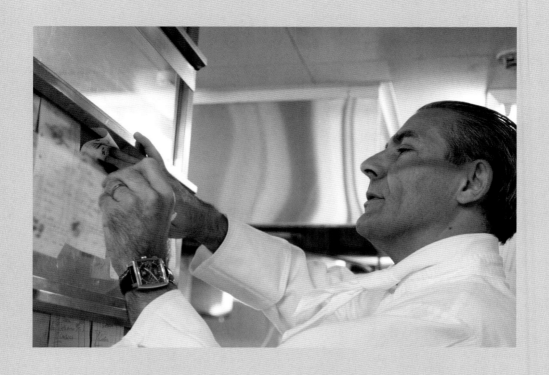

IMPERIAL HOTEL *restaurant français*

3
Racines
ルーツ

レ クレイエールはマダム・ポメリーの愛娘ルイーズの婚礼の祝いに建てた館。手入れの行き届いた広大な庭園の中に格調高い迎賓館を思わせるシャトーホテル。長い間ボニワイエ家によって受け継がれ「Boyer Les Crayères」と呼ばれてきたが、オーナー兼シェフであったジェラール・ボワイエさんが惜しまれながらも引退、現在はポメリー家の直系のギャルディエニ氏によって運営が引き継がれている。

Racines
ルーツを巡る旅
シャンパーニュへ

料理人として多くのことを学び、沢山の人たちと出会ったシャンパーニュでの日々。
現在の料理のフィロソフィーが築かれる上で大きな影響を与えてくれた場所、人々を訪れる旅。
それは、自分の人生を語る上で大切なものと再び出会うための旅。

レ クレイエールへ
Les Crayères

沢山の料理をお客様に召し上がって頂いたメインダイニング。
シャトーレストランにふさわしい豪華ながらも洗練された佇まい。

IMPERIAL HOTEL, *restaurant français*

料理を目指すきっかけは祖母エルミンヌの美味しい料理

　私は10歳の時に「自分は料理人になる」と思っていました。10歳までは、まだ子供なので何も分からないのですが、10歳になると人間としての人格がある程度形成される。そのときに何をしたいか、何になりたいかとか、いっさい自問自答しなかった。自分は料理人になるのだと、それ以外の選択肢は思い描いていなかったのです。31年前に妻に会った時と一緒です。親しい友人が紹介してくれたとき、初めて私の視界の中に入ったときから、この人は私の妻になると分かっていました。それと、同じくらい料理人になるということは必然的で、自然になることを知っていたのです。

　今思えば、祖母エルミンヌの影響かもしれません。
　私が幼い頃祖母が毎日昼夜、私の面倒を見てくれて食事を作ってくれました。前菜にクリュディテやミモザサラダ、主菜にブランケット・ド・ヴォー、ブフ・ブルギニョン、ブフ・オ・キャロット……けして裕福な家庭ではなかったのですが、本当においしい料理を作ってくれました。私の料理好きは、料理上手な祖母に感化されたのでしょう。

修行時代、常にポジティブに笑顔を忘れなかった

　料理を初めて学んだのは、1979年の9月、トゥール（ロワール地方の首都）の料理学校で、15歳になったばかりのときでした。2年間学校で学び卒業してコミ（コック）としてレストランで働き始めました。
　修業時代は辛いと思ったことはありませんでした。もちろん大変な仕事ですし、仕事の量は多くて就業時間も長いし、週末も働かなくてはならない。しかし、それは乗り越えなくてはいけないと思っていましたから、辛いとか苦しいと思ったことはありませんでした。
　私はいつもポジティブなのです。客観的に見たら辛かっただろうし、仕事の量もかなりあったと思いますが、どんなときでも笑顔を忘れないでいました。
　人間関係もそうです。大変なことはありましたけれど、でもそれを苦しいと思いませんでした。60～80人くらいのスタッフがいて一緒に働いていれば、（責任のある立場に自分がいるならば尚更）言わなければいけないこと、良くないこと、話さなければならないこと、いろいろあります。
　私がまだシェフではなくコミだったときには、私の上には部門のシェフがいて、スーシェフがいて、シェフがいて、エグゼクティブシェフがいて…問題は常にありました。しかし、私が仕事をしていく上でそれが障害になったことはありません。

学ぶことに終わりはない

　10歳の頃から私は料理人になると思っていました。自分が厨房の中で料理をしているイメージの中で、いつも年上の人たちに囲まれて仕事をしていました。その頃から年上の人たちと働きたいという思いがありました。なぜならば年上の人から学びたい気持ちが強かったからでしょう。
　フランスの厨房ではレシピがあり、細かいこと、調理の基本的な技術はシェフが教えてくれます。しかしながらその先のテクニックはそれぞれ人によって違います。
　例えば魚をおろしましょう、というと基本は一つかも知れませんが、おろす人によって、魚の種類によって、魚の状態や大きさによってもおろし方は違います。
　おろされた魚とは結果として同じかも知れませんが、魚がおろされるまでにいろいろな方法があります。サーモンをおろしなさいと言われて、100匹、200匹……1000匹くらいおろしたかもしれませんが、言われた

レセプションには、
以前一緒に働いていた同僚も。

厨房で「Le Parc」の
フィリップ・ミルシェフと。

通りにやりながらも自分にあったやり方、自分なりのナイフの動かし方、入れ方、角度があるわけで、それは非常に個人的な手法なので、教えてもらうものではありません。結局、自分で習得していくものです。

　私は、今でも毎日、少しずつ学んでいます。まだ、学んでいるということに対して全く恥だとは思いません。もちろん基礎は修行時代に身に付けましたが、出来ないこともあるのでもっと学びたいと思っています。

私にとってのレ クレイエール

　レ クレイエールは私にとって、素晴らしい15年間を過ごしたフランスのなかで最も美しいレストランの1つです。今まで生きてきた人生の30%を過ごしたところで、とても貴重な時間でした。料理人として、厳しいときも楽しいときも、非常に凝縮したときを過ごした場所です。

　そして、レ クレイエールとジェラール・ボワイエ氏（当時のレ クレイエールのオーナーシェフ）は切り離すことができません。彼らのおかげで今の自分があり、自分のやりたいことが実現出来たと思います。

ボワイエ氏との運命的な出会い

　ボワイエ氏と初めて出会ったときの感覚は、まるでラブストーリーです。

　なぜか自分でもよく分からないのですが、初めて会った瞬間にこの人とは仲良くなれそう、この人は難しいかな、ということが分かるのです。例えば、田中総料理長（帝国ホテル）と初めて会ったときも同じです。この人とは一緒に歴史を歩んでいくのだな、と直感でわかったのです。

　ジャンポール デュ ケノワにいたときに一回だけ、ボワイエ氏にお会いしました。そのときは、食事の後、厨房にいらしたときに遠くから会釈した程度でした。

　1988年の7月にレ クレイエールのテラスで、コミとして働くための面接を受けました。とても天気がよい日でした。ボワイエ氏は腕を組んで、最初に「ここは気持ちいいね」と言ってくれました。

　運命的な出会いだったと思います。私は、良い人に出会うチャンスに恵まれていると思います。私がこのような良い出会いを惹きつけるのか、それとも、彼らが引っ張ってくれたのか分かりませんが……。

　ボワイエ氏は私に多くのことを教えてくれました。

　料理やテクニックのことだけでなく、「気持ちを込めて働く」ということを学びました。ですから私にとってボワイエ氏は最も素晴らしいシェフなのです。

エモーションを感じて頂けるような料理を目指して

　もうすぐレ クレイエールで働いていたときよりも、レ セゾンで働いている年月の方が長くなりますので、レ セゾンでの時間は非常に重要な時間になります。

　レ セゾンに来て、このレストランのプレステージ、ホテルの歴史、そして、レ セゾンのシェフというポストを与えられたことを嬉しく思いました。それと同時に良い意味でプレッシャーがありました。レ セゾンで働くことは素晴らしいチャンスだと思っていますし、私はこのレストランが好きです。

　お客様に良い食材を知って頂きたい、きちんと味付けをして正しい火入れをした料理を食べて頂きたいのです。

　そしてお客様の感情を揺さぶるような、エモーションを感じて頂けるような気持ちの込もった料理をこれからも作り続けていきたいのです。

初めてボワイエ氏と面接したテラス席での再会は感慨深い。まるで昨日のように鮮明にその日のことがよみがえる。運命の日。「ジャケットを羽織り、ネクタイを締めてドキドキしていた。」と初めて会った日のことを回想する。

恩師であるボワイエ氏と。

ボワイエ氏の言葉

15年間ティエリーと一緒に仕事をしてきました。

同じビジョンを持って仕事をしているから長く続くのであって、修業している若手がみんなシェフとして成功していくとは限らない。やはり一緒に働いて同じビジョンを持って成功したということはとても大事なことですよね。

料理とは職人的なものなので、最初は良いテクニックを持っている人がどういう料理にしようかな、と思っていることを実現できるようになる。それはつまり、自分の知識をどのようにテクニックなどを使って伝えるか、ということです。今まで私が学んできたことを良くしてティエリーに伝え、さらにティエリーが今まで学んできたことを良くして弟子達に伝えていく。単に料理を伝えるのではなく、フィロソフィーを伝えることが重要です。

もちろん彼は調理場ではたった一人ではありません。彼がどんなに素晴らしいシェフだったとしても一人では出来ず、スタッフ達に彼の哲学（フィロソフィー）をきちんと伝え実現できないと本当のいい料理人とは言えない。それは、人間としての話であり、歴史というか男性としての話でもあります。

ティエリーは単なる料理人にとどまらないと思います。レストラター、レストランのオーベルジュスト（帝国ホテルはオーベルジュのようだ）。それこそが、このレクイエールで学んだことだと思います。

レストランというのは単に調理場だけではないのです。

大切なこと、秘密を言います。

料理人、メートルドオテル、ソムリエ、パティシエ全てが素晴らしいだけではなく、彼らが人々を愛することが大切です。それが出来なかったら他のことをやった方がいい。ティエリーは人が好きなのです。単にお客様だけではありません。一緒にときを過ごす人、一緒に食事をする人、全ての人々です。

多くのシェフは自分が一番だと頭でっかちになっているけれども、そういう人たちは友人たちからアドバイスを受けた方が良いですね。

ボワイエ夫妻と一緒に。

ポメリーを訪ねて
POMMERY

レ クレイエールと繋がりが深い
シャンパーニュメゾン。
そして、日本とポメリーの関係にも
古い歴史がある。

ポメリーが所有する広大な土地の見取り図が飾られている。

右：天皇陛下に献上されるための特別なシャンパーニュの注文。
左：日本がシャンパーニュの輸入を始めたばかりの頃、日本には輸入会社がなかった。そのため日本が発注したシャンパーニュをイギリスの会社が輸入代行し、日本に届けていたことが伺える。

日本に輸出するためのエチケット。

貴重な記録が記されている台帳が数多く保管されている。

昔からの注文の記録が保管されているサロンにてマダム、ナタリー・ヴランケンにポメリーと日本の繋がりについて話しを聞いた。

左上：1904年、世界万博のために作られたエミール・ガレのレリーフが施された樽。実際に75000ℓ、10万本分のシャンパーニュが運ばれた。右上：店名の「レ クレイエール」にあるクレイエールとは古代ローマ人が建築資材を切り出すために掘った白亜質土壌の石切り場のことを指す。むき出しになっている石の山は、ここが石切り場を利用して作った痕跡である。左下：マダム・ポメリーの娘ルイーズの美しいレリーフ。右下：大きなボトルも一般のボトルと同じように熟成させていく。ポメリーのカーブの深さは30m、全長18km。10℃で90%の湿度はシャンパーニュには最適な環境である。2500万本のシャンパーニュを貯蔵している。

IMPERIAL HOTEL *restaurant français*

酒の神「バッカス」をたたえたレリーフ。直接カーブの壁面に掘られている。マダム・ポメリーが若い芸術家を支援していたことは有名である。現在もポメリーは若手アーティストたちの作品をカーヴの中に定期的に展示しており、当時のエスプリを受け継いでいる。クレイエール自体がアートになっている。

メゾンを代表するシャンパーニュ、キュヴェ・ルイーズ。サロンにて。

グラスにシャンパーニュが注がれると、きめの細かい小さな泡が列をなして上がってくる。

「どういう風にシャンパーニュを作るとか、どういう風に料理を作るとかではなくて、なぜ作ろうと思うかを大切にしています。どんなものを作るかより、なぜ作りたいと思うか、という思いが大切なのです。成功した人は成功したものにこだわりすぎる人も多いけれども、ティエリーシェフは同じ食材で作る料理でも以前より更に新しくコンテンポラリーに変えているところが素晴らしい。」

マダム、ナタリー・ヴランケン・談

ヴォワザンシェフ曰くもの凄く強いエネルギーを持っているヴランケン夫妻と一緒に。
彼らのエナジーを反映するようにポメリーのシャンパーニュは力強い。

ランスにある大手シャンパーニュメゾンの中でも、知名度、スケール、生産量など全てにおいて秀でた存在であるポメリー。マダム・ポメリーが、甘口のシャンパーニュが主流であった中、現在のような辛口のシャンパーニュ、ブリュット・ナチュールを作りだす偉業を成し遂げたことはあまりにも有名である。現在は資本が変わり、ヴランケン・ポメリー・モノポール グループが指揮を執る。

ドゥーツを訪ねて
Deutz

ランスから車で約30分も走るとぶどう畑が一面に広がるアイに到着する。小さな町であるが、名だたるメゾンがこの地を拠点にしている。245ヘクタールのうち、42ヘクタールの畑をドゥーツが所有する。

ファブリス・ロセ氏とは
彼がドゥーツのCEOになる前からの20年来の友人。
ドゥーツのぶどう畑へ。ドゥーツのシャンパーニュは
非常にエレガントで力強いシャンパーニュ。

ゴージャスで気品のあるサロン。
ドゥーツ家の人々の肖像画が飾られている。

シンボルでもある
アムール・ド・ドゥーツの象。

1988年のミレジアムの貴重なシャンパーニュ。ヴォワザンシェフがこの地に移り住んだ年のシャンパーニュでさりげなくおもてなし頂く。ロセ氏のスマートな心遣いが嬉しい。

ドゥーツのシャンパーニュはロセ氏に似ている。非常にエレガントで力強いシャンパーニュ、まさに彼そのもの。なぜなら、ロセ氏自身が偉大で自然な力強さがあってエレガントだから。

沢山の大きなステンレス製のタンクが並ぶ。大きなタンクはストックとアッサンブラージュをするため。他にもタンクがありセパージュごとに、また、ヴァン・ド・レセルヴもストックしてある。どのような天候の年であっても味が均一になるようにアッサンブラージュ出来るようにしてあるのだ。

アッサンブラージュしたワインを瓶に詰める。

アムール・ド・ドゥーツ。カーヴで熟成させている。

ウィリアム・ドゥーツとピエール・ユベール・ゲルテルマンの2人のドイツ人が創立。昔はシャンパーニュ地方の中心地はアイであったので、この土地を選んだという。現在はルイ・ロデレールの傘下となっている。

ドゥーツのシャンパーニュは多くの3つ星レストランのシェフ達から信頼を得ている。真摯にシャンパーニュの製造に取り組んでいるからであろう。裏切らない安定感、エレガントさとフィネスを持ち合わせている。国内ではほぼ60%消化されるという。「シャンパーニュはガストロノミーのワインですから様々なニュアンスや味わいがあります。いろいろな料理に合わせて頂きたい。」とロセ氏は語る。

シャンパーニュと料理

　シャンパーニュは本物のワインです。
　つまりお正月やクリスマス、誕生日に飲む発泡酒ではなく、毎日テーブルで飲んで頂けるものです。ランスに住む人々はほぼ毎日シャンパーニュを飲んでいます。私もシャンパーニュ地方に住んでからそうなりました。以前は発泡酒であり、ワインとは違うものと思っていました。シャンパーニュについて勉強しましたし、沢山飲みました。日本の方にも毎日飲んで頂きたい。
　シャンパーニュとのフードペアリングを考えるときに大切なことは、まず、シャンパーニュのことを理解し、リスペクトするということです。
　そして、そのシャンパーニュに合う食材を探していくわけですが、大事なのは食材がシャンパーニュを超えるような強さであってはならないことです。
　料理になったときにシャンパーニュの価値を高めてくれるようなバランスでなければなりません。単に凄く料理が美味しいということだけではなく、シャンパーニュをもっと美味しくしてくれるような味付けや構成でなくてはならないのです。
　しかし、根本的にシャンパーニュと合わない食材はないと思っています。例えば、多くの人がシャンパーニュとチョコレートは合わないと言うのですが、あるシャンパーニュメーカーなどは「我々のシャンパーニュとチョコレートはよく合います」と言っています。
　バランスの問題なので、味の強い食材を使ったとしてもうまくコントロールするような副食材を使ったり、テクニックを使ったりすれば問題はない。酸味とまた、苦みと辛みと甘みを調えていけば合うのです。
　和食とシャンパーニュは相思相愛な関係にあります。そこには、日本とシャンパーニュとの間にある美しい歴史があるからでしょう。
　私はフランスの伝統的な料理をベースにしながらもシャンパーニュと相性の良い和食からのインスピレーションや技術、食材などを取り入れています。

4
L'équipe
チーム レ セゾン

IMPERIAL HOTEL *restaurant français*

IMPERIAL HOTEL *restaurant français*

IMPERIAL HOTEL *restaurant français*

レストランはチーム全員で作る

　毎朝、厨房に着くと、スタッフの皆に声をかけに行きます。スタッフと握手をして挨拶をかわす、フランスでもそうしていました。ボワイエ氏も、朝、出勤したら一人一人全員に声をかけていました。「おはようございます、おはようございます。」と。

　私にとっては凄く大切なことです。なぜならば、スタッフのことがわかるからです。いつもは元気に挨拶する子が、急にしなくなったりするじゃないですか。そうすると「あ、何かあったな」とわかる訳です。

　私は多くのスタッフを率いるレストランのシェフとして働く中で、大切にしていることは、一緒に働いているスタッフ皆を安心させてあげるということ、一番働きやすいコンディションに持っていってあげるということです。

　つまり彼らに何か心配ごとがあったり、何かネガティブなことが頭の中にあるのであれば、それを聞いて解決してあげたり、それを取り除いてあげる。ポジティブなことだけで頭を一杯にしてあげることで、仕事もよくはかどるし、頭もポジティブで身体も元気であれば絶対よい仕事ができる。明らかなことなので、それを一番大切にしています。

　レ セゾンのスタッフはフランスのスタッフとはもちろん違いました。フランスと遠くはなれた場所ですから、フランス人と違って良かったと思います。日本人スタッフが優れているのは、仕事での気持ちです。チーム力、仕事においての団結が素晴らしい。フランス人が日本人から学ぶべき点だと思います。

　一方、決断力に関して日本人はフランス人に学んだ方が良いと思います。では、それが欠点かというと単純にはそうとは言えないと思いますが、以前「日本のスタッフはどうですか?」と聞かれたときに「サッカーのレアルマドリッドぐらい素晴らしいチームです」と答えました。

　私たちの仕事は人と人のふれあいです。人が嫌いならば、この仕事をすることは出来ません。お客様を、スタッフを、上司を愛すること、人を愛するということなのです。

5
Recettes
ルセット

ホワイトアスパラガスのフランス風
柚子香るムースリーヌと一緒に
Asperges blanches à la française, mousseline au yuzu

材料（10人分）

ホワイトアスパラガス（フランス産）……20本

レタスのラッケ
リーフレタス……2個
マッシュルーム……100g
エシャロット……30g
ドライ・ベルモット……適量
フォン・ブラン・ド・ヴォライユ……適量
バター……適量
塩……適量

柚子のムースリーヌ
卵黄……2個
全卵……1個
ブール・クラリフィエ……125g
塩……4g
ホワイトバルサミコ酢……5g
柚子（絞り汁）……20g
水……20g
AOC オリーブオイル……適量

パールオニオン フランボワーズ
パールオニオン……200g
赤ワインビネガー……130g
フランボワーズ……30粒
フランボワーズビネガー……200g

飾り用
パンチェッタ……適量
イカ墨パン（クルトン）……15枚
柚子……適量

---

mémo
ホワイトアスパラガスはしっとり柔らかいながらも新鮮な野菜の瑞々しさが感じられる茹で加減。リーフレタスの爽やかなグリーンとのコントラストはエレガントな春の訪れを感じる。

作り方

レタスのラッケ
1 リーフレタスを色よく茹で、水気をよく拭き取る。
2 鍋にバターを熱し、エマンセにしたエシャロットをシュエし、スライスしたマッシュルームを加えて更に火を入れていく。ドライ・ベルモットを加えて煮詰め、フォン・ブラン・ド・ヴォライユも加えて更に煮詰める。
3 1と2を合わせてミキサーで撹拌し裏漉す。
4 鍋に戻し入れ、塩で味を調えバターモンテする。

柚子のムースリーヌ
1 ボウルに卵黄、全卵、ホワイトバルサミコ酢、柚子の絞り汁、水、塩を入れて混ぜあわせる。ブール・クラリフィエ（分量外）を少量ずつ加え混ぜ合わせる。仕上げにオリーブオイルを入れ、エスプーマに入れる。

パールオニオン フランボワーズ
1 パールオニオンをさっと下茹でする。
2 マリナード液を作る。赤ワインビネガーとフランボワーズを鍋でゆっくり煮詰めていく。フランボワーズビネガーを加えて一煮立ちさせ、裏漉しする。
3 1とマリナード液を合わせて真空パックにする。85℃のスチームコンベクションで20分間火を入れる。

飾りの準備
1 パンチェッタをスライスして200℃のコンベクションオーブンで5分焼く。ペーパーの上にのせウォーマーに入れてカリカリの状態にし、包丁で叩く。
2 イカ墨パンのクルトンをブール・クラリフィエ（分量外）で揚げる。
3 柚子の皮をピーラーで削ぎ、細切りにする。

仕上げと盛りつけ
1 皮を剥き、袴を取り除いたホワイトアスパラガスを茹でる。
2 リーフレタスのラッケをホワイトアスパラガスに塗り、皿に盛りつける。
3 カリカリのパンチェッタ、イカ墨パンのクルトン、細切りの柚子の皮、フランボワーズビネガーでマリネしたパールオニオンの細切りを飾る。
4 柚子のムースリーヌを別のサービス用小鍋にエスプーマで絞り出し、ソースとして添える。

トリュフを羽織ったグリーンアスパラガス 梅干しのシャンティイー
Asperges vertes laquées à la truffe, chantilly umeboshi

材料（10人分）

グリーンアスパラガスのニョッキ
グリーンアスパラガス（北海道産）……400g
インカのめざめ……100g
フォン・ブラン・ド・ヴォライユ……190g
生クリーム……100g
バター……30g
ゼラチン……6枚（12g）

梅干しのシャンティイー
生クリーム……180g
梅干し……5個
レモンコンフィ……適量
全卵……1個
塩……適量

トリュフのジュレ
タプナード・トリュフ……100g
ジュ・ド・トリュフ……10g
ゼラチン……1枚

飾り用
グリーンアスパラガス……13本
（タリアテッレ用含む）
シブレット……10本
レモン……1個

mémo
グリーンアスパラガスの程よい食感とトリュフが香るニョッキの滑らかさに驚かされる。梅干しクリームの優しい酸味が料理を引き締める。シンプルに仕立てられた料理の中に思いもよらない発見がある。

作り方

グリーンアスパラガスのニョッキ
1. グリーンアスパラガスを薄切りにし、分量のバターを使って弱火でじっくり炒め、薄切りにしたインカのめざめを加えて透き通るまで火を入れる。フォン・ブラン・ド・ヴォライユを加えて柔らかくなるまで煮る。
2. 仕上げに生クリームを加えて一煮立ちさせ、ゼラチンを溶かし込む。ミキサーで撹拌し、中目のシノワで漉し、味を調える。
3. 2を冷やして適度な濃度まで固まったら絞り袋に入れ、ラップを敷いた上に直径8mmの棒状に絞り出し、形を整えて冷やし固める。

梅干しのシャンティイー
1. レモンコンフィの果肉を取除き5mmにカットする。梅干しは種を取り除き粗みじん切りにする。卵を茹でて卵黄と卵白に分けて2回裏漉しをする。
2. 生クリームを6分立てにし、1で準備した材料と合わせ、塩で味を調える。

トリュフのジュレ
1. 鍋にタプナード・トリュフ、ジュ・ド・トリュフを入れて火にかけ、味を整える。戻したゼラチンを加えて溶かし込み冷やす（水分が足りないときは水で調節する）。

仕上げと盛りつけ
1. グリーンアスパラガスの穂先8cmをカットし茹で、AOCオリーブオイル（分量外）を薄く塗る。グリーンアスパラガスのニョッキも同様に8cmにカットして、トリュフのジュレの濃度を調節して塗り、穂先と合わせてお皿に盛りつける。ピーラーで削り細切りにしたレモンの皮を水でさらし、飾る。
2. 生のグリーンアスパラガスをピーラーでタリアテッレのように薄切りにし、水にさらさず、クネルにした梅干しのシャンティイーに巻きつけるように飾る。シブレットを添える。

シンプルにポワレしたラングスティーヌ フランス産モリーユ茸を添えて
Langoustine simplement poêlée aux morilles

材料（1人分）

ラングスティーヌ（生アカザエビ）……1本

ガルニチュール
モリーユ茸……50g
エシャロット……適量
浅葱……適量

ソース（10人分）
フュメ・ド・ラングスティーヌ……210g
ジュ・ド・モリーユ……210g
白ポートワイン……210g
生クリーム……70g
バター……3g
レモン汁……適量
くるみオイル……適量

---

mémo
モリーユ茸の香りとしっかりした食感はシンプルな料理だからこそ引き出される。ラングスティーヌの濃厚な甘みとモリーユ茸のハーモニーが楽しめる。

作り方

ラングスティーヌの下準備
1 ラングスティーヌは殻を剥き、背腸を抜く。（この状態で約80g）
2 1に塩・胡椒（分量外）をふり、熱したフライパンで焼く。焼き色がついたらバッドに取り、くるみオイルを適量かけ、馴染ませ色よくポワレする。

ガルニチュール
1 モリーユ茸の砂やホコリなどを取り除き、よく水洗いする。
2 フライパンにバターを入れ、シズレにしたエシャロットを焦がさないように弱火で焼き、1を加えて軽く塩をふる。少量の水を加えて火を入れ、汁気を一度切る。

ソース
1 白ポートワインを鍋に入れて完全に煮詰めたところに、フュメ・ド・ラングスティーヌとジュ・ド・モリーユを加えて火を入れていく。生クリームを入れて軽く一煮立ちさせ味を調え、仕上げにバターモンテし、レモン汁を加える。

仕上げと盛りつけ
1 片手鍋に汁気を切っておいたガルニチュールを移し、塩・胡椒（分量外）をして少量の水を加え乳化させる。浅葱をシズレにして加え、皿に盛りつける。
2 ラングスティーヌをガルニチュールの上に盛りつける。バターモンテしたソースにくるみオイルを入れて、泡立て、皿に流し入れる。

備長炭で焼きあげた鰹の炭火焼
桜のベアルネーズソースと
グリーンアスパラガス

Bonite grillée au feu de bois, béarnaise cerise et asperges vertes

材料（10人分）

鰹……2kg（5枚おろしにした状態550g）

桜のベアルネーズソース
エシャロット……20g
鰹酢……36g
日本酒……72g
ブール・クラリフィエ……70g
卵黄……1個（20〜22g）
グリオット（サクランボ）のピュレ……20g
（1/2に煮詰めたもの）
桜茶……2g（軸を取りアシェにした状態）

鰹酢
米酢……180g
鰹節……12g
昆布……3g

グリーンアスパラガスのクリーム
グリーンアスパラガス（北海道産）……300g
生クリーム……100g

ガルニチュール
グリーンアスパラガス（北海道産）……10本

mémo
日本の春の風景が詰まった美しい一皿。日本の伝統的な魚料理の一つである「鰹のたたき」の新たな出会い。日本酒を使ったベアルネーズソースは既成概念から解放される。

作り方

鰹の準備と調理
1. 5枚おろしにした鰹に岩塩をふり15分マリネし、15分水にさらして塩を抜く。
2. 鰹に金串を刺し備長炭で中まで程よく火が入るまで焼く。

桜のベアルネーズソース
1. レディクションを作る。エシャロットをシズレにし、日本酒、鰹酢を鍋に入れて、弱火で水分がほとんどなくなるまで煮詰めていく。
2. 1をボウルに移し、卵黄を加え、湯煎にかけて泡立てていく。卵がもったりしてきたらブール・クラリフィエを少量ずつ加えながら混ぜ、乳化させる。
3. 細目のシノワで漉し、桜茶、グリオットのピュレを加えて混ぜ合わせる。

鰹酢
1. 昆布を米酢に一晩浸しておく。
2. 鍋に移して火にかけ、沸騰する直前で昆布を取り出し、鰹節を加えて約8分弱火にかけて、細目のシノワで漉す。

グリーンアスパラガスのクリーム
1. グリーンアスパラガスを薄切りにし、塩水で下茹でする。寒冷紗を使いよく水気を絞る。
2. 生クリームを沸かしたところに1のグリーンアスパラガスを加えて一煮立ちさせ、ミキサーにかけて中目のシノワで漉す。

ガルニチュール
1. グリーンアスパラガスを約18cmにカットし、バター（分量外）と水・塩（分量外）を入れたフライパンに入れ火にかけ、色よくロティする。

仕上げと盛りつけ
1. 皿にグリーンアスパラガスのクリームを流し、その上を桜のベアルネーズソースで飾る。
2. 備長炭で焼いた鰹を切り皿に盛りつけ、色よく焼いたグリーンアスパラガスを3等分にカットして添える。お好みでエディブルフラワーを飾る。

パリジャンに見立てて
ポワローとじゃがいものフォンダンを
チキン風味のジュレの上に
鰹節クリームとキャビア添え

Comme un parisien, poireaux et pommes de terre fondants sur une gelée de volaille crème de katsuobushi, caviar

材料（12人分）

ポワローのニョッキ
- ポワロー……400g
- インカのめざめ……100g
- フォン・ブラン・ド・ヴォライユ……190g
- 生クリーム……100g
- バター……30g
- ゼラチン……6枚（12g）

ポワローのジュレ
- ポワロー（黄緑）……300g
- ゼラチン……2枚（4g）
- 塩……適量

コンソメのジュレ
- コンソメ・ヴォライユ……600g
- 塩……適量
- ゼラチン……5枚（10g）

鰹節クリーム
- 生クリーム……500g
- 鰹節……15g
- シェリービネガー……適量
- シブレット……適量
- エシャロット……適量
- 塩……適量
- クレームフェッテ……適量

飾り用
- 浅葱　太目（茹でる）……24本
- 浅葱　太目（先端5cm）……12本
- 芽葱（5mmヲット）……適量
- 九条葱　葉なし（茹でる、4cmカット）……4本
- キャビア……60g

mémo

ポワローのやさしい味わいと鮮やかな色合い、透き通るコンソメのジュレ。鰹節の旨味と香りがほんのり詰まったクリームに新たな可能性が見える。日本の伝統食材からの発想。

作り方

ポワローのニョッキ

1 鍋にバターを熱し、薄切りにしたポワローをシュエする。薄切りにしたインカのめざめを加えて透き通るまで火を入れ、フォン・ブラン・ド・ヴォライユを加えて柔らかくなるまで煮る。仕上げに生クリームを加えてひと煮立ちさせ、ゼラチンを溶かし込む。ミキサーで撹拌し、中目のシノワで漉す。

2 1のピュレ500gに対し、ゼラチン6枚を溶かし入れ塩（分量外）で味を調える。冷やして適度な濃度まで固まったら絞り袋に入れ、ラップを敷いた上に直径1.7cmの棒状に絞り出し、形を整えて冷やし固める。

ポワローのジュレ

1 ポワローの黄緑色の部分を薄切りにし、塩水で茹でてざるに上げ、水気を切り冷ます。（茹で汁は取っておく）

2 茹でたポワローを適量の茹で汁と共にミキサーで撹拌してピュレ状にし、中目のシノワで漉す。ピュレ100gに対し、ゼラチン1枚を加える。

コンソメのジュレ

1 鍋にコンソメ・ヴォライユを入れ温め、塩で味を調整する。

2 1に戻したゼラチンを加えて溶かし、中目で裏漉しする。

3 2を深さのある皿に50cc流し入れ固める。

鰹節クリーム

1 生クリームを鍋に入れて沸かし、鰹節と少量の塩を加えて香りを移し、布で漉し冷ます。

2 クレームフェッテ、シブレットのシズレ、エシャロットのシズレ、塩、シェリービネガーと1のクリームを合わせる。

仕上げと盛りつけ

1 ポワローのニョッキを約2.5cmにカットし、ポワローのジュレをかけてグラッサージュする。コンソメのジュレを流し入れたお皿に盛りつける。ポワローのニョッキの上に芽葱とキャビアをのせる。

2 茹でて約4cmに切った九条葱を1本、根っこごと茹でた浅葱2本をバランスよく飾る。

3 鰹節クリームをポワローのニョッキにかける。

甘鯛の松笠仕立て
行者にんにく じゃがいものフォンダンとモワル
Amadai sur ses écailles croustillantes, gyojaninniku, pommes fondantes et moelle

材料（10人分）

甘鯛 …… 550g（おろした状態）
行者にんにく …… 20g

じゃがいものフォンダン
インカのめざめ …… 2個
レッドドラゴン …… 2個
浅葱 …… 適量
ジュ・ド・ポワソンとジュ・ド・プーレ …… 50g
にんにく …… 5個
バター …… 20g
ローズマリー …… 2本

ポワローのビネガー
ポワロー …… 300g
赤ワインビネガー …… 30g
赤ワイン …… 100g
砂糖 …… 3g
塩 …… 適量

ソース
ジュ・ド・ポワソンとジュ・ド・プーレ …… 50g
ブール・ノワゼット …… 20g
バター（モンテ用）…… 15g

飾り用
モワル …… 50g
シブレット …… 1g
粒生こしょう …… 1g

---

mémo
甘鯛の鱗のサクサクとした食感と身のしっとりして柔らかい食感の対比が楽しめる。2種類のじゃがいも、モワル（牛骨髄）が添えられる。行者にんにくの香りが春の到来を告げる。

作り方

甘鯛の下準備と調理
1 甘鯛は鱗をつけたままフィレにおろし、岩塩で15分マリネし、流水で15分塩抜きをする。
2 1の甘鯛を約50〜55gにカットし、フライパンでブール・クラリフィエ（分量外）で焼いていく。ブール・クラリフィエを皮目にかけながら焼き、鱗を松笠のように仕立てる。

じゃがいものフォンダン
1 にんにくを半分に切り芯を除き、鍋に入れた同量の牛乳と水（分量外）で3回茹でて、匂いを和らげる。
2 インカのめざめとレッドドラゴンは面取りして、メダル型にする。フライパンにバターを入れムース状になったら、インカのめざめ、レッドドラゴン、にんにく、ローズマリーを加えて色よく火を入れていく。
3 鍋にジュ・ド・ポワソンとジュ・ド・プーレ、水（分量外）、バター、2のインカのめざめとレッドドラゴンを入れてグラッセにし、仕上げに浅葱を加える。

ポワローのビネガー
1 ポワローを長さ5cm、幅1cmにカットする。フランパンにバター（分量外）を入れ火にかけ、ブール・ノワゼット手前まで色づいたら切ったポワローを加え、軽く塩、砂糖をふりじっくりと焼き、キャラメリゼされたら余分な油を切る。
2 1に赤ワインビネガーを注ぎフライパンの旨味をこそぎ取り、ほとんど水分がなくなるくらい煮詰める。赤ワインを加えて綺麗な照りが出るまでさらに煮詰めていく。

ソース
1 ジュ・ド・ポワソンとジュ・ド・プーレを鍋に入れ一煮立ちさせ、バターとブール・ノワゼットでモンテしソースを作る。
2 仕上げにブール・ノワゼットを入れ、分離した状態で提供する。

仕上げと盛りつけ
1 粗く刻んだモワルを湯通しし、シブレットのアシェと粒生こしょうで和える。
2 皿にポワローのビネガーをのせ、その上に松笠仕立てに焼いた甘鯛、1のモワルとソテした行者にんにくを盛りつけ、じゃがいものフォンダンを添える。ソースをかけて仕上げる。

和牛サーロインとインカのめざめの
熟成コンテチーズ風味
野菜のローストとビーフのジュ

Pièce de bœuf au sautoir, Inca no mezame au vieux Comté, légumes rôtis et jus de bœuf

材料（1人分）

和牛サーロイン …… 60g

野菜のロースト*
京人参（2cm角切り）…… 1個
白人参（2cm角切り）…… 1個
渦巻きビーツ …… 1個
エシャレット …… 1個
オニオンヌーボー …… 2個
生ローリエ …… 適量

インカのめざめのミルフィーユ
　　　　　　（2cm角切り）…… 3個
インカのめざめ（1.5mmスライス）…… 360g
コンテチーズ（18ヶ月）…… 60g

アパレイユ
牛乳 …… 60g
生クリーム …… 110g
全卵 …… 10Cg
トリュフ・オイル …… 10g
塩 …… 5g
白胡椒 …… 適量
ナツメグ …… 適量
にんにく（すりおろし）…… 2.5g

イタリアンパセリのピュレ …… 5g
オリーブオイル …… 適量
にんにく …… 5g
芽葱 …… 1g

ソース
コンソメ・ド・ブフ …… 15g
ブール・ノワゼット …… 5g

フルール・ド・セル …… 適量
黒胡椒（ミニョネット）…… 適量

注：*季節により野菜のローストの食材変更あり

mémo

一口頬張ると和肉の旨味と甘みの美味しさがストレートに伝わるシンプルな料理。グラタン・ド・ダフィノワをイメージしたインカのめざめとコンテチーズを贅沢に使ったミルフィーユが印象的。

作り方

和牛サーロインの調理
1 和牛サーロインをフライパンで表面にしっかり焼き色がつくように焼き、身の中心まで火を入れすぎないように注意する。キューブ型に切り分け、フルール・ド・セル、砕いた黒胡椒をふる。

野菜のロースト
1 京人参、白人参、渦巻きビーツを和牛サーロインに合わせてキューブ型にカットする。
2 鍋にバター（分量外）を熱し、ムース状になったら1とエシャレットを加え、200℃のコンベクションオーブンで綺麗な焼き色がつくように火を入れる。仕上げに、生ローリエのアシェを加えて香りをつける。

インカのめざめのミルフィーユ
1 アパレイユを作る。ボウルに卵を入れてよく解きほぐし、牛乳、生クリームを加えて更に混ぜ合わせる。塩、白胡椒、ナツメグ、すりおろしたにんにくを加え、トリュフ・オイルで香りをつける。中目のシノワで漉す。
2 スライスしたインカのめざめを8cm×30cmのカードルに並べ、すりおろしたコンテチーズを満遍なく振り1を流し入れる。同様の作業を繰り返しミルフィーユ状にしていく。
3 85℃のスチームコンベクションで1.5時間火入れし、重しをのせて更に1.5時間火を入れていく。焼き上がったら、しっかり冷やす。

ソース
1 コンソメ・ド・ブフを鍋に入れ、ブール・ノワゼットを加えてモンテする。完全に乳化させずセパレートの状態で仕上げる。

仕上げと盛りつけ
1 インカのめざめのミルフィーユを和牛サーロインに合わせて同じ大きさのキューブ型に切る。ブール・クラリフィエ（分量外）で断面（層になっている面）4面に焼き色をつけるように火を入れる。
2 にんにくのアシェをオリーブオイルでカリカリになるように揚げる。色をつけすぎないように注意する。
3 皿にイタリアンパセリのピュレで描き、バランスよく和牛サーロイン、野菜のロースト、1を盛りつける。2と芽葱を飾り、ソースを添えフルール・ド・セル黒胡椒をふる。

IMPERIAL HOTEL restaurant français

厚切りにした仔牛のキドニーと
トリュフを香らせたクリームたっぷりのセロリ
フランボワーズ風味の玉葱のチャツネと一緒に

Rognon de veau en tranches épaisses, céleri crémeux à la truffe
chutney d'oignons à la framboise

材料（10人分）

仔牛のキドニー …… 1.6kg
バター …… 適量

セロリラブのピュレ
セロリラブ …… 300g
生クリーム …… 100g
牛乳 …… 50g

セロリゾット（10人分）
セロリラブ …… 800g
パールオニオン …… 20g
ドライ・ベルモット …… 20g
フォン・ブラン・ド・ヴォライユ …… 600g
パルミジャーノレッジャーノ …… 50g
トリュフ …… 30g
生クリーム …… 100g
オリーブオイル …… 20g

玉葱のチャツネ（10人分）
赤たまねぎ …… 300g
赤ワイン …… 50g
赤ワインビネガー …… 50g
ローリエ（アシェ）…… 適量
フランボワーズ・フレッシュ …… 30g
ジュ・ド・ヴォー …… 300g

---

mémo
高温で一気に焼き固められたロニョン。脂身を残して焼くことにより旨味と甘みが増す。フレッシュなフランボワーズを加えた玉葱のチャツネの程よい酸味は、料理の奥行が広がるアクセント。

作り方

仔牛のキドニーの下準備と調理
1 仔牛のキドニーの脂肪を少し覆っている程度に取り除き、厚さ2.5cmくらいにカットして、塩・胡椒をふる。
2 十分に熱したフライパンにバターを入れ、1を加え強火で一気に焼き色がつくように焼き上げる。

セロリラブのピュレ
1 セロリラブの皮を剥き1cm程度にスライスする。鍋で、セロリラブを生クリームと牛乳で煮る。柔らかくなったらミキサーで撹拌し、中目のシノワで漉し、塩（分量外）で味を調える。

セロリゾット
1 鍋にオリーブオイルと粗みじん切りにしたパールオニオンを入れ、弱火で香りを出し、2.5mm角に切ったセロリラブを加え、火を入れていく。ドライ・ベルモットを入れて、鍋に残った旨味をこそげとり、フォン・ブラン・ド・ヴォライユを加え、セロリラブが崩れない程度に火を入れる。
2 1に生クリームを入れ、仕上げにパルミジャーノレッジャーノとトリュフをアシェにし加える。最後にオリーブオイルでモンテする。

玉葱のチャツネ
1 鍋で5mmにカットした赤たまねぎを多めのバター（分量外）でやわらかくなるまで火を入れる。一度しっかりバターを切る。
2 新たな鍋に1と赤ワインビネガーを入れ、ほとんど水分がなくなるまで煮詰めたら、赤ワイン、ローリエのアシェを加えて更に火を加える。フランボワーズ・フレッシュを加えチャツネに仕上げる。

ソース
1 鍋にジュ・ド・ヴォーを入れ温め、ブール・ノワゼットを加えてモンテする。完全に乳化させずセパレートの状態で仕上げる。

仕上げと盛りつけ
1 セロリラブのピュレを温めバターとブール・ノワゼットでモンテし仕上げ、皿にドーナッツを描くように盛りつける。ドーナッツの中央の空間にセロリゾットを盛りつける。
2 仔牛のキドニーのソテをのせ、玉葱のチャツネを添える。ソースをかける。

フランス産モリーユ茸のクルートを覆った鴨
春野菜を入れたブイヨンとパテ

Canard en croûte de morilles, la cuisse servie en bouillon printanier

材料（10人分）

鴨胸肉 …… 1.5羽

モリーユ茸のクルート
ファルス・フィーヌ（鶏）…… 200g
モリーユ茸のデュクセル …… 200g

ソース
ソース・カナール・サルミ …… 20g

パテ・ド・カナール（160人分）
マッシュルーム …… 160g
鴨の腿肉 …… 460g
豚の背脂 …… 160g
フォワグラ …… 310g
豚のゴルジュ …… 160g
塩 …… 1g
ジュニパーベリー …… 3.5g
白ワイン …… 250g
フォワ・ド・カナール …… 230g
鶏肉のパッセ …… 200g
エシャロット …… 15g
全卵 …… 100g
生クリーム …… 200g
塩 …… 適量

春野菜を入れたブイヨン
ブイヨン・ド・カナール …… 適量
ミニ人参 …… 100g
かぶ …… 100g
青豆 …… 100g
根セロリ …… 100g
さやいんげん …… 100g
セルフィーユ …… 適量
エディブルフラワー …… 適量
トリュフ・オイル …… 適量

モリーユ茸 …… 100g（ソテ用）

---

mémo
モリーユ茸のデュクセルの旨味が入ったファルスに覆われた鴨。鴨の旨味が詰まったパテが入ったブイヨン。鴨の胸肉、腿肉の2種類の料理が楽しめる贅沢な品。

作り方

鴨胸肉の下準備と調理
1 鴨胸肉の筋を取り除き、皮目に格子状に包丁で切れ目を入れ、塩・胡椒して真空パックする。スービークッカーで芯温56℃まで火入れをする。
2 ファルス・フィーヌとモリーユ茸のデュクセルを合わせたもので1を覆い、バター（分量外）を熱したフライパンで皮目から火を入れていく。

パテ・ド・カナール
1 つぶしたジュニパーベリーを白ワインに一晩漬け込む。（ジュニパーベリーは取り除く）
2 鴨の腿肉、マッシュルーム、豚の背脂、フォワグラ、豚のゴルジュをそれぞれ4mm角に切り、1の白ワインと塩で5時間マリネする。
3 2をフードプロセッサーで撹拌し、中目のタミで裏漉しする。鶏肉のパッセと合わせる。
4 フォワ・ド・カナールに塩・胡椒をし、フライパンにバターを熱して表面に焼き色がつくように火を入れ、シズレにしたエシャロットを加えてブランデー（分量外）でフランベする。中目のタミで裏漉し冷ます。
5 フードプロセッサーに3と4を入れて混ぜ合わせる。最後に、塩、全卵、生クリームの順に加えて仕上げる。
6 ラップで直径3cmの筒状に成形し、70℃のスチームコンベクションで40分火を入れる。

春野菜を入れたブイヨン
1 それぞれ食べやすい大きさにカットしたミニ人参、かぶ、セロリラブと青豆、さやいんげんを鴨のブイヨンで火を入れる。仕上げにトリュフ・オイル（分量外）を加えて味を調える。

モリーユ茸
1 モリーユ茸の砂やホコリなどを取除き、よく水洗いする。水気を切る。
2 フライパンにバターを熱し、ソテする。

仕上げと盛りつけ
1 筒状にしたパテ・ド・カナールを、バター（分量外）を熱したフライパンで、焼き色をつける。
2 モリーユ茸のクルートで覆って焼いた鴨肉をポーションに切る。温めたソースを流し入れた皿に盛りつける。
3 ソテしたモリーユ茸を2に添える。
4 別の皿に春野菜を入れたブイヨンを盛りつけ、1をのせ、セルフィーユとエディブルフラワーで飾る。

IMPERIAL HOTEL restaurant français

フリュイルージュの
ヴァシュランに見立てたデザート
軽やかに クリーミーに 願いを込めて

Comme un petit vacherin aux fruits rouges, léger et crémeux à souhait !

材料（12人分）

バニラのエスプーマ
- 生クリーム35%……250g
- 牛乳……167g
- グラニュー糖……50g
- コンデンスミルク……33g
- バニラビーンズ……1/2本
- 凝固剤……25g
- ゼラチン（板）……2g

柚子のソルベ
- 柚子のピュレ……200g
- 水……1ℓ
- グラニュー糖……254g
- 粉末水飴……36g
- 増粘剤……5.4g

アーモンドのシュトロイゼル
- グラニュー糖……100g
- 薄力粉……100g
- アーモンドパウダー……100g
- バター……100g

苺のソース
- 苺のジュース……400g
- ゼラチン（板）……4g
- 水……450g
- グラニュー糖……150g
- ベジタブルゼラチン……25g

飴のディスク
- フォンダン……200g
- 水飴……150g
- バター……20g

赤い果実のコンポート
- コンポートフルーツルージュ（冷凍）……200g
- フランボワーズ（冷凍）……50g
- ブラックベリー（冷凍）……20g

mémo
軽やかなクリームにベリーのコンポートの甘みと酸味が効いたデゼール。ミルキーな優しいホワイトカラーに苺の愛らしい紅色が心を癒す。

作り方

バニラのエスプーマ
1 ゼラチン以外の材料を鍋に入れて沸かし、水で戻したゼラチンを加えて溶かし裏漉して冷やす。エスプーマにいれてガスを充填し冷却する。

柚子のソルベ
1 柚子のピュレ以外の材料を鍋に入れて沸かし、冷ます。柚子のピュレを加えて合わせ、裏漉す。パコジェットビーカーに入れて冷凍する。

アーモンドのシュトロイゼル
1 ボウルにバターとグラニュー糖を混ぜ合わせ、薄力粉とアーモンドパウダーを加えて合わせる。冷蔵庫で休ませる。
2 目の粗い網に1の生地を押し付けてそぼろ状にする。天板の上に4.5cmのセルクルを並べ、そぼろ状にした生地を敷き詰め、170℃のオーブンで焼く。

苺のソース
1 鍋に苺のジュースを入れ温め、戻したゼラチンを加える。小さな半球形のシリコンマットに入れて冷凍する。
2 新たな鍋にグラニュー糖、ベジタブルゼラチンを加えて沸かす。1の冷凍しておいた苺ジュースを鍋の中にくぐらせ被膜を作り解凍する。

飴のディスク
1 鍋に全ての材料を入れて、薄くきつね色になるまで煮詰める。クッキングシートの上に流し、固まるまで放置する。
2 1を砕きミルサーでパウダー状にする。クッキングシートの上に丸く抜いたボール紙を置き、パウダーにした飴をふりかけ、160℃のコンベクションオーブンで透明になるまで焼く。

赤い果実のコンポート
すべての材料を合わせて解凍しておく。

仕上げと盛りつけ
1 ムース用フィルムを直径5cmにして円柱にし、内側に脂を塗り、皿の中央におく。フィルムの内側に苺のスライス（分量外）を張り、底面にシュトロイゼンを敷く。
2 シュトロイゼルの上に赤い果実のコンポートを少量盛りつけ、エスプーマを半量盛りつける。小さなパレットで中央をくぼますようにフィルムの周りに塗る。くぼんだ中に柚子ソルベと苺のソースを入れエスプーマを絞り、上面を平にならす。
3 フィルムを上に引き抜き、スライスした苺（分量外）と飴のディスクをのせる。

苺とルバーブのスープ仕立て 山葵を効かせたアイス
Soupe de fraises et rhubarbe relevée d'une glace au wasabi

材料（作りやすい分量）

苺とルバーブのコンポート
苺 …… 150g
ルバーブ …… 150g
ボーメ30％シロップ …… 250g

山葵を効かせたアイス
牛乳 …… 1ℓ
生クリーム35％ …… 1ℓ
カソナード …… 200g
転化糖 …… 20g
山葵 …… 60g

柚子のジュレ
柚子のピュレ …… 200g
グラニュー糖 …… 80g
水 …… 500g
柚子皮の擦りおろし …… 2個
寒天 …… 30g

苺のグラニテ
苺のスライス …… 500g
シロップ …… 750g

メレンゲ
卵白 …… 100g
グラニュー糖 …… 100g
パウダーシュガー …… 100g

---

mémo
苺とルバーブのコンポートを中心に様々な食感が楽しめる一品。山葵の香りがほのかに香るアイスクリームがフルーツを引き立てる。

作り方

苺とルバーブのコンポート
1 苺とルバーブをカットし、シロップと共に真空パックにする。沸騰したお湯の中に入れて7〜8分ボイルする。

山葵を効かせたアイス
1 牛乳、生クリーム35％、カソナード、転化糖を鍋に入れて沸かし、冷ます。山葵と合わせ、パコジェットビーカーに詰め冷凍する。
2 パコジェットにかけ、アイスクリーム状にする。

柚子のジュレ
1 全ての材料を鍋に入れ沸かし、平らな型に入れて冷やし固める。約1.5cmにカットする。

苺のグラニテ
1 苺をスライスしシロップと共に真空パックにする。沸騰したお湯の中に入れて7〜8分ボイルし、アルミバットに広げ冷凍する。
2 冷凍後、細かく刻む。

メレンゲ
1 ボウルに卵白を入れ、グラニュー糖を少しずつ加えながら泡立て、パウダーシュガーを入れヘラで混ぜ合わせる。
2 丸口金の絞り袋に入れて絞りだし、84℃のコンベクションオーブンで乾燥焼きする。乾燥後、約2cmにカットする。

仕上げと盛りつけ
1 苺（中）スライス5枚（分量外）を皿の中央に円形に並べ、コンポートしたルバーブと苺を中央に盛る。
2 カットした柚子のジュレを1の上に盛り、コンポートのシロップをかける。
3 山葵を効かせたアイスを2の上の盛りつけ、メレンゲを散らす。

サザエの薄切りソテ
青豆のブイヨン 日向夏の泡
Sazae tranché puis sauté à cru, bouillon petits pois, écume hyuganatsu

材料（10人分）

サザエ …… 150g
青豆のピュレ …… 200g

貝と青豆のブイヨン
ジュ・ド・コキヤージュ* …… 400g
青豆のピュレ …… 100g

ガルニチュール
空豆 …… 30個
スナップエンドウ …… 40個
リンゴ …… 50g
カレー粉 …… 適量
オリーブオイル …… 適量

日向夏のエミュルシヨン
日向夏の絞り汁 …… 100g
乳化剤 …… 適量

エストラゴン …… 適量
日向夏の皮 …… 適量

注＊アサリ、ムールなどの煮出し汁のこと

---

mémo
日向夏のすっきりとした酸味と苦み、サザエの磯の香りと塩味、青豆の甘みがバランスよく交わり合う。サザエは火を入れすぎないことで噛み応えがあり存在感を感じる。

作り方

サザエの調理
1 生のまま薄切りにする。
2 高温に熱したフライパンに1を入れ、焼き色をつけ、仕上げにオリーブオイル（分量外）をかけてフライパンをあおる。

貝と青豆のブイヨン
1 片手鍋でジュ・ド・コキヤージュと青豆のピュレを合わせ、塩（分量外）で調味し、温める。

ガルニチュール
1 空豆とスナップエンドウをそれぞれ塩茹でし、丘上げして冷ます。空豆の皮を剥く。
2 日向夏の皮をジュリエンヌにする。
3 鍋にオリーブオイルを入れ熱し、角切りにしたリンゴを入れ、火を加えていく。仕上げにカレー粉を絡め、風味をつける。

仕上げと盛りつけ
1 皿に焼いたサザエ、空豆、カレー風味のリンゴ、スナップエンドウ（豆を見せるようにサヤを開いた状態で）をバランスよく盛りつける。
2 日向夏の絞り汁に乳化剤を入れ合わせ、エアーポンプで泡状にした日向夏のエミュルシヨンを1の上にのせる。
3 エストラゴン、日向夏の皮のジュリエンヌを飾りテーブルにサーブする。最後に、お客様の目の前で、貝と青豆のブイヨンを皿に注ぎ入れる。

サーディンを3種の調理法で
Sardines:
新鮮なまま酢橘でマリネして
クロカンレギュームと
marinées au sudachi et légumes croquants

材料（1人分）
サーディン（ひこ鰯）……2尾

酢橘オイル（2人分）
酢橘……9個
AOCオリーブオイル……270g
塩・胡椒……各適量

クロカンレギューム（10g）
赤たまねぎ……適量
緑ズッキーニ……適量
フヌイユ……適量
赤パプリカ……適量
キャビア・ド・オーベルジーヌ……適量

トマトのジュレ（50g）
トマトコンソメ（P312参照）……50g
ゼラチン……1/2枚

赤パプリカのピュレ……適量
マジョラムのピュレ……適量
イカ墨のピュレ……適量

シブレット（3cmの長さにカット）……適量
酢橘の皮……適量
エディブルフラワー……適量

作り方
サーディンの下準備
1 サーディンは頭を切り、中骨を取り除き腹開きの状態にする。岩塩（分量外）で15分マリネする。その後、冷水で15分塩抜きをする。
2 酢橘オイルを作る。柑橘の絞り汁に塩・胡椒を入れ混ぜ合わせる。AOCオリーブオイルを合わせて乳化させ、1をマリネする。

クロカンレギューム
1 それぞれ2mmの角切りにした赤たまねぎ、緑ズッキーニ、フヌイユ、赤パプリカをそれぞれオリーブオイルでソテし冷まし、ボウルに入れ、キャビア・ド・オーベルジーヌを加えて合わせる。塩（分量外）で味を調える。
2 ラップの上にマリネしたサーディンを1尾置き、1をのせ、その上にもう1尾同様にマリネしたサーディンをのせる。ラップを綴じ、魚の形になるように整える。

トマトのジュレ
1 トマトコンソメを鍋に入れて温め、戻したゼラチンを加えて溶かし、粗熱を取る。
2 トマトのジュレを皿に流し、冷やし固める。

仕上げと盛りつけ
1 トマトのジュレが固まったら中央にクロカンレギュームを挟んだサーディンを盛りつける。回りにバランスよく赤パプリカのピュレ、マジョラムのピュレ、イカ墨のピュレで描く。
2 酢橘の皮のジュリエンヌ、シブレット、エディブルフラワーを添える。

頭のブイヤベース仕立てと
山椒風味のルイユ
les têtes en bouillabaisse et rouille au sansho

材料（25人分）
サーディン頭のブイヤベース
フヌイユ……150g
たまねぎ……150g
にんにく……1片
トマト……2個
トマトペースト……10g
ラングスティーヌの殻……3本分
サーディンの頭……300g
フュメ・ド・オマール……300g
生クリーム……200g

山椒風味のルイユ（作りやすい分量）
卵黄……2個
AOCオリーブオイル……100g
にんにく（すりおろし）……3g
トマトペースト……適量
塩……適量
粉山椒……適量

赤パプリカのピュレ……5g
ラングスティーヌのジュレ……40g
エディブルフラワー……適量
セルフィーユ……適量
ムラメ……適量

サーディンオイルを香らせた
ロワイヤルにバジルとオリーブの
クルスティヤントを添えて
à l'huile en royale au basilic et croustillant à l'olive

材料（10人分）

サーディンのフラン
- 牛乳 …… 250g
- 生クリーム …… 50g
- 全卵 …… 2個
- サーディンオイル …… 150g

サーディンのバター（12人前）
- オイルサーディン …… 100g
- AOCバター …… 75g
- 塩 …… 適量

バジルの泡
- バジル …… 1パック
- 水 …… 200g
- 大豆レシチン …… 適量

バジルとオリーブのクルスティヤント
- パート・フィロ（縦8cm×横10cm）…… 1枚
- オイルサーディンのバター …… 15g
- 黒オリーブのピュレ …… 4g

作り方

サーディンのフラン
1. ボウルに全卵を溶きほぐし、牛乳と生クリームを加えて混ぜ、フードプロセッサーにかけたオイルサーディンと合わせ、シノワで漉す。
2. サーディンの缶詰を器にみたて、1を注ぎ入れる。85℃のスチームコンベクションで約12分ヴァプールする。

サーディンのバター
1. 常温に戻したAOCバター、オイルサーディン、塩をミキサーで撹拌し、細目のタミで裏漉しする。

バジルの泡
1. バジルをボイルして、その茹で汁ごとミキサーにかけ、シノワで漉し、水と大豆レシチンを加え、エアーポンプで泡状にする。

バジルとオリーブのクルスティヤント
1. パート・フィロにブール・クラリフィエ（分量外）を塗り、直径約1cmのステンレスの棒に巻き付け、パルミジャーノレッジャーノ（分量外）をふりかける。160℃のコンベクションオーブンで約8分焼き上げ、ステンレスの棒から抜き冷ます。

仕上げと盛りつけ
1. パート・フィロの中にサーディンのバターを入れ、黒オリーブのピュレで蓋をするように塗り付ける。
2. サーディンのフランの上に、バジルの泡を注ぎ、1を添える。

作り方

サーディンの頭のブイヤベース
1. 鍋にオリーブオイル（分量外）を熱しラングスティーヌの殻とサーディンの頭を炒め、薄切りにしたフヌイユ、たまねぎ、にんにくを加えて更に炒める。
2. 1にフュメ・ド・オマール、粗みじん切りにしたトマト、トマトペーストを加えて煮込み、オートマチックシノワにかける。
3. 新たな鍋に2を入れ、火にかけ、仕上げに生クリームを入れ、味を調える。

山椒風味のルイユ
1. ボウルに卵黄を溶きほぐし、すりおろしたにんにく、トマトペースト、塩、粉山椒を加えて、泡立て器で混ぜ合わせ、AOCオリーブオイルで乳化させる。

仕上げと盛りつけ
1. サーディン頭のブイヤベースをエスプーマに入れ、皿に絞り出す。ラングスティーヌのジュレを全体に注ぎ、山椒風味のルイユと赤パプリカのピュレで皿に沿って円を描く。
2. サフランで煮たフヌイユ（分量外）と茹でて角切りにしたポワロー（分量外）、クルトンとイカ墨のクルトン（分量外）、デトロイト、エディブルフラワー、セルフィーユ、ムラメで飾る。

mémo
サーディンの様々な味わいを一挙に楽しめる心躍る品。様々な野菜を包み込んだマリネ、爽やかなバジルとブラックオリーブがアクセントのフラン、濃厚なサーディンのブイヤベース。

マンゴー好きなオマール海老
Le homard aime la mangue

材料（10人分）

オマール・ブルー …… 5本

クールブイヨン
たまねぎ …… 200g
セロリ …… 50g
にんじん …… 100g
ポロネギ …… 100g
白ワイン …… 350g
水 …… 2ℓ
原塩 …… 10g
タイム …… 2枝
ローリエ（フレッシュ）…… 1枚
イタリアンパセリの茎 …… 10g
コリアンダーシード …… 5粒
白胡椒（粒）…… 10粒

コライユオイル
AOCオリーブオイル …… 100g
オマール・ブルーのコライユ …… 30g

コライユドレッシング
全卵 …… 1個
卵黄 …… 1/2個
塩 …… 2.5g
白胡椒（粉）…… 0.5g
マンゴービネガー …… 7g
オマール・ブルーのコライユ …… 30g
ピュアオリーブオイル …… 300g

マンゴーのコンフィ
アップルマンゴー …… 1個
ホワイトビネガー …… 150g
砂糖 …… 100g
水 …… 1ℓ

飾り用
デトロイト …… 10枚

---

mémo
シンプルにクールブイヨンでポシェして、ダイレクトにオマール・ブルーを堪能する一品。旨味の詰まったコライユのドレッシングが味を引き締める。マンゴーとオマール・ブルーの相性もいい。

作り方

クールブイヨン
1 たまねぎ、セロリ、にんじん、ポロネギをスライスにする。
2 材料を全て鍋に入れてたっぷりの水と共に火にかけ約20分煮る。

オマール・ブルーの調理
1 オマール・ブルーの尾から鉄串をうつ。
2 沸かしたクールブイヨンにオマール・ブルーの腕、爪、胴体を入れて3分程度火入れして引き上げ粗熱を取る。殻を外す。
3 胴体を頭部から尾に向かって縦半分に切り掃除し、コライユオイルを塗る。爪も同様にコライユオイルを塗る。

コライユドレッシング
1 鍋にピュアオリーブオイルを入れオマール・ブルーのコライユを加えて火を入れ、冷ます。ミルミキサーで撹拌し中目のタミで裏漉しする。
2 マヨネーズを作る要領で、ボウルに全卵、卵黄、塩、白胡椒を入れてマンゴービネガーを加えてよく混ぜ合わせる。1を少しずつ加えながら乳化させる。

マンゴーのコンフィ
1 マンゴーを一片約15gになるように乱切りにする。
2 鍋にホワイトビネガー、砂糖、水を入れて沸かし、一度冷ます。冷めたらマンゴーを加え、再度火にかけ弱火でゆっくり煮る。

コライユオイル
1 鍋にAOCオリーブオイルとオマール・ブルーのコライユを加えて火を入れ、冷ます。ミルミキサーで撹拌し中目のタミで裏漉しする。

盛りつけ
1 皿の中央にコライユドレッシングを注ぎ、その左上に爪、マンゴーのコンフィ、胴体を盛りつけ、デトロイトを飾る。

オマール・ブルー
クリーミーなスープ
ジャスミン豆腐とマンゴー

Homard bleu servi en soupe crémeuse, tofu au jasmin et mangue

材料（10人分）

オマール・ブルー……5本

甲殻類のクリーム（25人分）
オマール海老の頭……4本分
ラングスティーヌの頭……1.5kg
たまねぎ……1個
にんじん……1個
セロリ……1本
コニャック……70g
白ワイン……140g
水……2ℓ
生クリーム……1.5ℓ
トマト……2個
トマトペースト……適量

トレビス……適量

ジャスミン豆腐
木綿豆腐……200g
生クリーム……50g
牛乳……50g
ジャスミン茶……3g
卵白……2個

マンゴーのジュレ
マンゴー……350g
マンゴービネガー……50g
水……100g
アガー……3g

ハーブクリーム
イタリアンパセリ……1パック
セルフィーユ……1パック
生クリーム……100g

飾り用
空豆……適量
青豆（枝豆）……適量
スナップエンドウ……適量
ミニオゼイユ……適量
エディブルフラワー……適量

---

mémo
シンプルにポシェしてソテしたオマール・ブルーは、濃厚な甲殻類のスープにも負けない奥深い味。ハーブクリームは彩りと味わいのアクセントになる。ジャスミン香りとマンゴーがエキゾチックな印象を与えてくれる。

作り方

オマール・ブルーの準備と調理
1 沸騰したクールブイヨンでオマール・ブルーをポシェし、水気をよく切り冷ます。
2 殻から身をはずす。はさみの身も傷つけないようにはずしておく。
3 フライパンにオマールオイル（分量外）を入れ、はさみの身と尾の半身にさっと火を入れる。

甲殻類のクリーム
1 鍋にオリーブオイル（分量外）を入れ、オマール海老とラングスティーヌの頭を炒め、殻が赤くなり水分が飛んだら、角切りにしたたまねぎ、にんじん、セロリを入れ、更に炒める。
2 1にコニャックを加えてフランベし香りをつけ、白ワインを入れてデグラッセし、煮詰める。コンカッセしたトマト、トマトペースト、水を加えて、火を入れていく。少し煮詰め、生クリームを加える。
3 2をオートマチックシノワでまわし、新たな鍋に入れ、再び火を入れて仕上げる。

ジャスミン豆腐とマンゴーのジュレ
1 ジャスミン豆腐を作る。鍋に牛乳、生クリーム、ジャスミン茶を入れて火にかけ香りをつける。漉してジャスミン茶を取り除く。
2 1と木綿豆腐をミキサーにかけ、更に、卵白を加え撹拌し、中目のシノワで漉す。
3 カードル（30cm×8.5cm×2cm）に350g流し入れ、80℃のスチームコンベクションで30分火を入れ、冷やし固める。
4 マンゴーのジュレを作る。マンゴー、マンゴービネガー、水をミキサーで撹拌し、中目のシノワで漉してピュレ状にする。
5 4のピュレ100gを鍋に入れ火にかけ、アガーを加えて粗熱を取りジュレにする。3のジャスミン豆腐の上にマンゴーのジュレをかけて冷やし固める。

ハーブクリーム
1 ボウルに生クリームとみじん切りにしたイタリアンパセリ、セルフィーユを合わせて泡立て緑色のハーブクリームを作る。

仕上げと盛りつけ
1 空豆と青豆を下茹でし、皮を取り除いておく。スナップエンドウも下茹でし、サヤを中央から割り青豆の大きさにカットしておく。
2 ジャスミン豆腐をセルクルで型抜く。オマール・ブルーをジャスミン豆腐と同じくらいの大きさにカットする。
3 お皿にオマール・ブルー、ジャスミン豆腐、クネル状にしたハーブクリームを盛りつける。1の空豆、青豆、スナップエンドウ、ミニオゼイユ、エディブルフラワーで飾る。
4 別の器に泡立てた甲殻類のクリームを3の皿と一緒にサーブし、召し上がる直前に流し入れる。

オマール・ブルーのココット焼き
アメリケーヌソース
じゃがいものリソレを添えて

Homard bleu en cocotte, sauce américaine, pommes de terre rissolées

材料 (10人分)

オマール・ブルー……10本

アメリケーヌソース (30人前)
オマール海老の頭……3本分
ラングスティーヌの頭……6本分
にんにく……2片
たまねぎ……100g
にんじん……100g
セロリ……80g
トマト……150g
トマトペースト……100g
コニャック……80g
白ワイン……160g
フュメ・ド・ポワソン……1.5ℓ
バター……適量
ブーケガルニ……1個
タイム……1本
エストラゴン……1本
パセリの茎……2本
ローリエ……1枚
白粒胡椒……8粒

じゃがいものフォンダン
インカのめざめ (L)……3個
レッドムーン (M)……4個
浅葱……1束
アイユ・ローズ……10片
ローズマリー……2本
にんにく……1片
塩……適量
バター……適量

ジロル茸……100g
エシャロット……適量
シブレット……適量

mémo
オマール海老の料理に定番のアメリケーヌソース。丁寧且つ確かな調理技術とブルターニュから届くオマール・ブルーを使うことにより味わいに大きな差が生まれる。

作り方

オマール・ブルーの下準備
1 鍋に湯を沸かし、オマール・ブルーの尾は30秒さっと茹で、はさみは3分30秒茹で、氷水で冷やす。水気をよく取り、頭を外して尾を縦2等分に切り分けておく。

アメリケーヌソース
1 片手鍋にオリーブオイル (分量外) を入れ、強火でオマール海老とラングスティーヌの頭を炒め、よく炒まったら、角切りにしたたまねぎ、にんじん、セロリを入れ、更に炒める。コニャックを加えてフランベし香りをつけ煮詰めたら、白ワインを入れてデグラッセし、更に煮詰める。
2 1にコンカッセにしたトマト、トマトペースト、ブーケガルニ、タイム、エストラゴン、パセリの茎、ローリエ、白粒胡椒、フュメ・ド・ポワソンを加えて、中火で火を入れていく。オートマチックシノワでまわす。新たな鍋に入れ、再び火を入れてバターモンテして仕上げる。

じゃがいものフォンダン
1 アイユ・ローズをたっぷりの水と牛乳 (分量外) を入れた鍋に加え、3回ブランシールする。水気をよくふき、オリーブオイルを入れた鍋に加え、低温で柔らかくなるまでコンフィにする。
2 インカのめざめの皮を剥き、1.5cmの厚さに輪切りし面取りをする。にんにく、ローズマリー、塩、バターと一緒に真空パックし、85℃のスチームコンベクションで約25分火を入れる。
3 2をアイユ・ローズのコンフィ、ローズマリーと一緒にフライパンでバターと共に焼く。フォン・ブラン・ド・ヴォライユ (分量外) を鍋に入れ、2のジャガイモを加え、塩を入れバターでモンテし馴染ませる。仕上げに浅葱をシズレに切り加える。レッドムーンも同様に調理する。

ジロル茸の調理
1 ジロル茸の汚れなどを掃除する。熱したフライパンにバターを入れ、下処理したジロル茸をソテする。仕上げにシズレに切ったエシャロット・シブレットを加える。

仕上げと盛りつけ
1 ココット鍋に下準備したオマール・ブルーをバター (分量外) で表面を焼き、フォンダンにしたインカのめざめとレッドムーン各2個、赤たまねぎのキャラメリゼ (P312参照)、ジロル茸、アイユ・ローズ1片、じゃがいものフォンダンを作るときに取り分けておいたローズマリー1/3本を加えて、蓋をする。
2 アメリケーヌソースを器に入れ、エストラゴンのクレーム・フェッテ (P312参照) を添え、1の蓋をしたココット鍋と一緒にサーブする。
3 ココット鍋から料理を皿に盛りつけ、アメリケーヌソースを注ぎ入れる。

鯛の女王
ブルターニュ産ドラード・ロワイヤルを
備長炭で焼き上げて
アーティチョークのタジン野菜と
レモンコンフィをアクセントに

Daurade royale de Bretagne grillée au feu de bois, artichaut façon tajine et citron confit

材料（10人分）
ドラード・ロワイヤル（ブルターニュ産）…550g

アーティチョークのピュレ
アーティチョーク……500g
生クリーム……300g
無塩バター……適量
エシャロット……20g

アーティチョークのタジン野菜
アーティチョーク・
ポワヴラード（1/4カット）……10個
トマトコンフィ……30g
ブラックオリーブ……10g
コリアンダーの葉……5g

レモンコンフィ
緑ズッキーニ……200g
赤たまねぎ……60g
なす……3本
にんにく……2片
レモンコンフィ……1g
グリーンオリーブ……10g
コリアンダーの葉……5g
コリアンダーシード……1g
クミンシード……1g

アンチョビ風味のクルトン
ブリオッシュ……20g
アンチョビ・バター……10g

ソース
ジュ・ド・ポワソンとジュ・ド・プーレ…50g
AOCオリーブオイル……10g

---

mémo
ブルターニュ産の鯛の圧倒的な存在感と旨味を感じる。炭火焼にすることにより表面はカリッと焼け、中身はしっとりジューシーに焼き上がる。タジン野菜をあしらい夏らしい品。

作り方

ドラード・ロワイヤルの下準備と調理
1 ドラード・ロワイヤルの鱗、内臓、頭を取りのぞき、フィレにする。皮は残し、切り目を入れておく。
2 1を串に刺し塩（分量外）をふる。炭火で皮目から炙り、焼き色をつける。

アーティチョークのピュレ
1 ボウルに水とレモン汁を張り面取りしたアーティチョークを入れておく。
2 鍋にバターを熱し、シズレにしたエシャロットをシュエし、1のアーティチョークをスライスして加え、火を入れる。水（分量外）を加えて落とし蓋をする。
3 2に生クリームを加えて少し煮詰めたら、ミキサーで撹拌し、中目のシノワで漉す。

アーティチョークのタジン野菜
1 ボウルに水とレモン汁を張り面取りして1/4にカットしたアーティチョーク・ポワヴラードを入れておく。トマトコンフィ、ブラックオリーブを5mm角にカットしておく。
2 アーティチョークのタジンを作る。フライパンでオリーブオイル（分量外）を熱し、1のアーティチョーク・ポワヴラードをポワレにし、トマトコンフィ、ブラックオリーブ、シズレにしたコリアンダーの葉を加え、塩（分量外）で味を調える。

レモンコンフィ
1 緑ズッキーニ、赤たまねぎ、なすを1cm角に、にんにく、レモンコンフィ、グリーンオリーブ、コリアンダーの葉は5mm角にカットしておく。厚手の片手鍋にオリーブオイル（分量外）、にんにくを入れて熱し香りを出し、赤たまねぎを加えて炒める。緑ズッキーニを加えてソテする。
2 別の鍋にオリーブオイル（分量外）を熱し、なすを強火でソテし、油を切る。1の片手鍋に入れ、アシェにしたコリアンダーシードとクミンシード、グリーンオリーブを加えて軽く煮詰めて味を馴染ませ、仕上げにレモンコンフィとコリアンダーの葉を加え、塩（分量外）で味を調える。

アンチョビ風味のクルトン
1 ブリオッシュを1cm角に切り、ブール・クラリフィエ（分量外）でクルトンを作る。
2 ボウルに室温に戻したアンチョビ・バターを入れ、1のクルトンと和える。

ソースと盛りつけ
1 ソースを作る。鍋にジュ・ド・ポワソンとジュ・ド・プーレを入れ温め、AOCオリーブオイルを加えて合わせる。
2 皿の中央にアーティチョークのピュレを流し入れ、野菜とレモンのコンフィ、クルトンをのせる。その上に、炭火で焼いたドラード・ロワイヤルをのせ、アーティチョークで飾り、ソースをかける。

鱧のロティとジロル茸
Hamo rôti aux girolles

材料（作りやすい分量）

ハモ……1本（1kg）

ハモのフュメ（作りやすい分量）
ハモの骨・頭・尻尾の身……4本分
にんにく……40g
タイム……2g
フォン・ブラン・ド・ヴォライユ……2.5ℓ
水……2.5ℓ
ドライ・ベルモット……200g

ジロル茸のソテ
ジロル茸……320g
エシャロット……20g
シブレット……10g

ジロル茸のデュクセル（30人前）
ジロル茸……100g
マッシュルーム……300g
エシャロット……30g
ドライ・ベルモット……75g
生クリーム……75g

ソース（30人分）
ハモのフュメ……300g
フュメ・ド・ラングスティーヌ……100g
ジュ・ド・ジロル……100g
酢橘の絞り汁……10g
生クリーム……50g
バター……50g
塩……適量

飾り用
芽葱……適量
酢橘の皮……適量
酢橘の絞り汁……10g
AOCオリーブオイル……100g

mémo
日本（関西）の夏を代表する魚、ハモ。フランスでは未知の魚。さっぱりとしたハモの味わいには、クリーミーなソースが好相性。旬のジロル茸を合わせて。

作り方

ハモの下準備と調理
1 頭を切り、腹開きにしたハモを用意し、縦半身に切る。皮目を下にして、頭の方から皮一枚残すように包丁を入れ骨切りする。
2 1のハモに塩（分量外）をふり、フライパンにオリーブオイル（分量外）を熱し、皮目を下にして焼き色をつける。フライパンのまま、サラマンダーで身を炙り、ミディアムレアに仕上げる。

ジロル茸のソテ
1 熱したフライパンにバターを入れ、ジロル茸をソテして水を加え、ジロル茸に火を入れたらシノワで漉し、ジュと茸を分ける。ジュはソースで使うので取っておく。
2 熱したフライパンにバターを入れ、1のジロル茸をエシャロットのシズレを加えて軽くソテし、仕上げにシブレットのシズレを加える。

ジロル茸のデュクセル
1 ジロル茸を水でよく洗い、砂やゴミを取り除く。マッシュルームもさっと水で洗う。フードプロセッサーでみじん切りにする。
2 鍋でバター（分量外）を熱し、シズレにしたエシャロットに火を入れ、1のジロル茸とマッシュルームを加える。ドライ・ベルモットを入れデグラッセし、水分がなくなるまで手早く炒め、生クリームを加えて、塩（分量外）で調味する。

ハモのフュメ
1 ハモの骨・頭・尻尾の身を流水にさらす。
2 鍋で水気をよく切った1をバターで炒め、香ばしく色よく焼き上げたら水とフォン・ブラン・ド・ヴォライユ、にんにく、タイムを入れ沸騰させずに灰汁をとりながらフュメをとる。
3 細目のシノワで漉す。

ソース
1 鍋にハモのフュメ、フュメ・ド・ラングスティーヌ、ジロル茸のジュ（ジュ・ド・ジロル）、生クリーム、酢橘の絞り汁を入れ火にかけ塩で味を調え、仕上げにバターでモンテする。バーミックスで撹拌してよく泡立てる。

仕上げと盛りつけ
1 皿にジロル茸のデュクセルを盛りつける。焼いたハモの身の方に、酢橘の絞り汁とAOCオリーブオイルを合わせて塗り、デュクセルの上にのせる。
2 よく泡立てたソースを皿に流し、ジロル茸のソテを飾る。
3 ハモにアシェにした酢橘の皮をふり、芽葱を添える。

長時間ていねいにボイルした
仔牛スネ肉に鰹節香るジュレ
昆布のクリームにかわいらしいプースと

Jarret de veau dans sa gelée naturelle au katsuobushi, crème de kombu, petites pousses

材料（10人分）

仔牛スネ肉……2本
たまねぎ……1/2個
にんじん……1/2本
ポワロー……1/2本
パセリの軸……3本

昆布のクリーム
昆布（水で戻したもの）……60g
わかめ（戻したもの）……90g
牛乳……50g
生クリーム……50g
昆布の戻し汁……200g

酢昆布
白板昆布……3枚
米酢……90g
グラニュー糖……12g

昆布のジュレ
貝汁……200g
昆布……50g
とさかのり（赤・白）……適量
ゼラチン……0.7～1枚

鰹節風味のジュレ
仔牛スネ肉の煮汁……500g
鰹節……15g
ゼラチン……1.5～2枚
マッシュルーム……100g
舞茸……100g
ポワロー・ジョーヌ……2本

飾り用
シブレット……3g
酢橘の皮……適量
マイクロリーフ……適量
金箔……適量

---

mémo
じっくり煮た牛スネ肉はとろけるように柔らかく、そして甘みがある。わかめと昆布の磯の香りがするクリームと鰹節のジュレ、日本の海の食材との思いがけない組み合わせ。

作り方

仔牛スネ肉の調理
1 仔牛のスネ肉は煮崩れしないようにヒモで縛る。
2 鍋に1とたまねぎ、にんじん、ポワロー、パセリの軸、水（分量外）を入れて、約8時間沸かないように煮込む。仔牛のスネ肉をいったん取り出し、煮汁をシノワで漉して仔牛のスネ肉を戻し入れそのまま冷ます。

昆布のクリーム
1 ザク切りにした昆布、牛乳、生クリーム、昆布の戻し汁と戻したわかめをミキサーに入れ撹拌する。
2 1の濃度を仔牛のスネ肉を煮て漉した煮汁で調整し、エスプーマに入れておく。

酢昆布
1 ボウルに米酢を入れ、グラニュー糖を加えて溶かす。
1.5cm角に切った白板昆布を入れてマリネする。

昆布のジュレ
1 鍋に貝汁を入れて、半量程度まで煮詰め、5mm角に切った昆布を入れて、一煮立ちさせる。
2 戻したゼラチンを1に加え、とさかのり（赤・白）のアシェを加える。

鰹節風味のジュレ
1 鍋に仔牛のスネ肉の煮汁をい入れて沸かし、鰹節を加えて火からはずし、香りを移し、シノワで漉す。
2 戻したゼラチンを1に加えてジュレにする。

仕上げと盛りつけ
1 鍋に仔牛のスネ肉の煮汁を入れ、くし切りにしたマッシュルーム、小分けにした舞茸、ポワロー・ジョーヌを加えて火を入れる。火が入ったら取り出しポワロー・ジョーヌはスライスする。
2 仔牛のスネ肉を1cm角に切りボウルに入れ、1と鰹節風味のジュレと合わせ、シブレットを加え塩（分量外）で味を調える。
3 お皿の中央に昆布のクリームをエスプーマでドーナッツ状に絞り出し、2を盛りつける。その上に昆布のジュレ、酢昆布を盛りつける。
4 マイクロリーフ、ジュリエンヌにした酢橘の皮、金箔を飾る。

緑茶と昆布でマッサージされた沖縄アグー豚のロース肉 レ・ボー・ド・プロヴァンスのオリーブオイルを香らせたインカのめざめのピュレ

Carré de cochon Agu d'Okinawa massé au thé vert et kombu
Inca no mezame à l'huile d'olive des Baux de Provence

材料 (10人分)

アグー豚ロース骨付き……2kg
フルール・ド・セル……18g
緑茶パウダー……25g
日高昆布パウダー……25g

インカのめざめのピュレ
インカのめざめ……300g
バター……10g
AOCオリーブオイル……200g
（レ・ボー・ド・プロヴァンス）
牛乳……100g

ソース
エシャロット……40g
粒生こしょう……16g
米酢……144g
日本酒……288g
ジュ・ド・コション……600g

mémo
脂身の甘みが素晴らしいアグー豚に、緑茶と昆布の味を馴染ませて、甘み、酸味、苦み、塩味、旨味を引き出す。ソースには米酢と日本酒を使う。日本のエスプリで作られた一皿。

作り方

アグー豚の下準備と調理
1 アグー豚の皮目に格子状のかくし包丁を入れる。
2 アグー豚の重量の0.9％のフルール・ド・セルをアグー豚をマッサージするようにもみ込む。同量の割合で緑茶と日高昆布のパウダーを合わせ、アグー豚の皮目にまぶし、真空パックする。
3 2を一晩寝かせて塩を馴染ませ、スチームコンベクション57℃で12時間火入する。

インカのめざめのピュレ
1 インカのめざめの皮を剥き塩（分量外）茹でにする。柔らかくなったら、水気を切り数分間オーブンに入れ、水分を飛ばしバターを加えて中目のタミで裏漉し、細目のタミでさらに裏漉す。
2 鍋に1を入れ火にかけ、バター、AOCオリーブオイルを加えて合わせる。温めた牛乳を少量ずつ注ぎ、混ぜ合わせ濃度を調節しAOCオリーブオイルを香らせ、味を調える。

ソース
1 鍋にバター（分量外）を入れて熱し、エシャロットのシズレ、刻んだ粒生こしょうを入れる。米酢と日本酒を加えて煮詰める。
2 ジュ・ド・コションを加え、仕上げにバター（分量外）でモンテする。ブール・ノワゼット（分量外）を加え、分離した状態にする。

仕上げと盛りつけ
1 火入れしたアグー豚を切り分け、皿に盛りつける。
2 インカのめざめのピュレを添え、ソースを流しかける。

乳飲み仔羊を薄焼きにした
蕎麦粉のガレットで包んで
肩肉のコンフィ
熟成青森にんにく スダチと昆布

Agneau de lait en dentelle de sarrasin, l'épaule confite à l'ail noir d'Aomori sudachi confit et kombu

材料（4人分）

乳飲み仔羊 …… 半頭分

蕎麦粉のガレット
蕎麦粉 …… 45g
強力粉 …… 5g
砂糖 …… 8g
塩 …… 3g
AOC発酵バターのブール・ノワゼット …… 160g
湯 …… 180g

ソース
ジュ・ド・アニョ（P312参照）…… 120g
シェリービネガー …… 5g

肩肉のコンフィ
エポール …… 1本
赤たまねぎ …… 2個
セロリ …… 2本
実山椒 …… ティースプーン1杯
昆布（20cm）…… 1本
白ワイン …… 100g
フォン・ブラン・ド・ヴォライユ …… 400g
酢橘のコンフィ …… 4個
黒にんにく …… 2片

飾り用
トマトコンフィ …… 適量
にんにくのコンフィ …… 適量
アンチョビ・フェッテ …… 適量
デトロイト
蕎麦ゾット（P312参照）…… 適量

mémo
稲わらと蕎麦の実の香りで味わいを深くした仔羊肉の料理2品。カリカリの蕎麦粉のガレットと合わせた一品。そして、肩肉のコンフィは昆布、山椒、酢橘、黒にんにくを使った和風タジン。

作り方

乳飲み仔羊の下準備と調理
1 乳飲み仔羊の半身からエポール（肩肉）とジゴ（もも）をはずす。（ジゴは別の料理で使用）骨と肉の筋を取り除く。あばらの部分を5cmほど残し、ロール状に巻き紐で縛り、塩・胡椒（分量外）で下味をつける。
2 フライパンにバター（分量外）を熱して1に火を入れ、焼き色をつける。厚手の鍋を用意し稲ワラと蕎麦米を入れて熱し、煙が出てきたら焼き色をつけた乳飲み仔羊を入れて蓋を閉め、火を加えて香りを移す。

蕎麦粉のガレット
1 蕎麦粉と強力粉をふるう。ボウルにふるった粉、砂糖、塩を入れ、ブール・ノワゼット、熱湯を混ぜ合わせて生地をつくり、休ませておく。
2 温度180℃のクレープ焼き器で生地を両面焼く。焼きあがったら5cm×15cmに切る。

ソース
1 鍋にジュ・ド・アニョを入れ温めバター（分量外）でモンテし塩・胡椒（分量外）で味を調える。仕上げにシェリービネガーを加える。

肩肉のコンフィ
1 仔羊の肩肉に塩・胡椒をふり、オリーブオイル（分量外）を熱した鍋に入れ、表面に焼き色をつける。1.5cmの角切りにした赤たまねぎとセロリを加えて火をいれ、白ワインでデグラッセし沸騰させアルコールを飛ばし、フォン・ブラン・ド・ヴォライユを加える。再度沸騰したら実山椒、水で戻して1cm角に切った昆布、種を取りざく切りにした酢橘のコンフィを加えて蓋をしてブレゼする。
2 仔羊の肩肉が柔らかくなったら骨を外し、煮汁と野菜を入れたボウルに入れて冷ます。約50gに切り分け、一片1/4にカットした黒にんにく3個分と一緒に真空パックし、85℃のスチームコンベクションで約30分火を加えて味をしみ込ませる。

仕上げと盛りつけ
1 にんにくのコンフィをブール・クラリフィエ（分量外）で揚げる。アンチョビのピュレとクリームフェッテを合わせたアンチョビ・フェッテを用意する。トマトコンフィはロール状にする。
2 稲ワラで香りをつけて焼いた仔羊を三等分し、皿に盛りつけ、それぞれの肉の上に蕎麦ゾットをのせ、その上に蕎麦粉のガレットをのせる。1のにんにくのコンフィ、トマトコンフィ、アンチョビ・フェッテで飾り、デトロイトを添える。ソースは別添えにし、召し上がる直前にかけて頂く。
3 2の皿をサーブした後、タジン鍋を用意し肩肉のコンフィを盛りつける。時間差で提供する。

リ・ド・ヴォーの昔風ブレゼ
白桃とトリュフのジュレ
桃酢を香らせたシーザーサラダ添え

Noix de ris de veau braisée à l'ancienne aux pêches et gelée de truffes
salade César au vinaigre de pêche

材料（1人分）

リ・ド・ヴォー……100g

ジュ・ド・ヴォー（ブレゼ用）……50g

ジュレ・ド・トリュフ
ジュ・ド・トリュフ……190g
アガー……8g

ガルニチュール
桃……1/10個
ミニロメインレタス……1個
エシャロット……適量
ドライ・ベルモット……適量
生クリーム……適量

レタスのクーリ（35人前）
リーフレタス……2個
バター……適量
エシャロット……2個
ドライ・ベルモット……60g
生クリーム……70g

ソース
ジュ・ド・ヴォー……20g
クーリ・ド・トリュフ……2g
ブール・ノワゼット……適量

桃酢
白桃ピュレ……50g
シャンパーニュ……50g
白ポートワイン……50g
白バルサミコ酢……20g
はちみつ……50g
タイム……1g
シナモン……2g
オレンジの皮……適量
クミン……適量
白胡椒……適量

---

mémo
とても柔らかく繊細でクリーミーな食感のリ・ド・ヴォー。ガストロノミーにふさわしい食材。果物の王様とも言える桃のビネガーとの融合が素晴らしい。

作り方

リ・ド・ヴォーの下準備と調理

1 鍋に塩を溶かした水（分量外）と牛乳（分量外）を入れ、リ・ド・ヴォーを加えて火にかける。沸騰したら取り上げて、冷水に入れる。
2 1を表面の脂や筋、薄皮を取り除き、セルクルを使用して丸く矯正する。
3 鍋にバター（分量外）を熱し、2をセルクルのまま表面に焼き色がつくように火を入れ、ジュ・ド・ヴォーを加えてブレゼし、グラッセするように艶やかに仕上げる。

ガルニチュール

1 ミニロメインレタスの外側の緑色の部分（1/2個分）を下茹でし氷水にとり色止めする。水気を良く切る。
2 鍋にバター（分量外）を熱し、エシャロットのシズレと下茹でしたミニロメインレタスをソテする。仕上げにドライ・ベルモットでデグラッセして、生クリームを加えて軽く煮詰める。
3 桃を角切りにし、100℃のスチームコンベクションで1分蒸し、急速冷蔵し色止めする。

ジュレ・ド・トリュフ

1 鍋にジュ・ド・トリュフを入れ、アガーを加えて火を加えて煮溶かし、バットに入れて冷やし固める。桃と同じ大きさの角切りにする。

レタスのクーリ

1 鍋にバターを入れて熱し、薄切りにしたエシャロットを炒め、茹でたリーフレタスを入れ、ドライ・ベルモット、生クリームを加えて火を入れて、塩（分量外）で味を調える。ミキサーで撹拌し、中目のシノワで漉す。

ソース

1 鍋にジュ・ド・ヴォーを入れて軽く煮詰め、仕上げにクーリ・ド・トリュフを入れて塩（分量外）で味を調え、ブール・ノワゼットでモンテする。

桃酢

1 全ての材料を鍋に入れてゆっくり煮詰める。軽く粘度がついたらシノワで漉して冷ます。

仕上げと盛りつけ

1 皿の中央にレタスのガルニチュールを盛りつけ、ソースを回りに流し入れる。
2 別の鍋にレタスのクーリを入れ、牛乳（分量外）を加えて伸ばし、バーミックスで泡状にし、1のレタスの上に流す。ブレゼしたリ・ド・ヴォーをのせ、温め直した桃の角切りとジュレ・ド・トリュフで飾る。
4 別皿に流水で洗い、よく水気を切ったミニロメインレタス（1/2個分）とヴィネグレット・ド・トリュフ（P312参照）を合わせた物を盛りつけ、桃酢をかける。仕上げにカリカリにしたリ・ド・ヴォーとイカ墨のクルトン（分量外）を散らす。

IMPERIAL HOTEL restaurant français

一つの桃
Une Pêche

材料（作りやすい分量）

ミュスカ・ド・リヴザルトのエスプーマ
- 生クリーム35%……220g
- 牛乳……100g
- グラニュー糖……40g
- 凝固剤……10g
- ミュスカ・ド・リヴザルト……200g

桃のソルベ
- ピーチピュレ……1kg
- 水……500g
- シロップ（ボーメ30℃）……300g
- レモン果汁……10g
- ピーチリキュール……50g
- ピーチ濃縮シロップ……10g

桃のコンポート
- 白桃……2個
- ミュスカ・ド・リヴザルト……360g
- グラニュー糖……75g
- バニラビーンズ……1/2本

ラベンダーのグラニテ
- 水……1ℓ
- グラニュー糖……150g
- ドライラベンダー……12g
- レモン果汁……6g

バニラクリーム
（530mm×328mm×25mm　ホテルパン1枚分）
- 生クリーム……500g
- 牛乳……300g
- グラニュー糖……150g
- 卵黄……200g
- バニラビーンズ……1本
- 寒天……12.5g

アーモンドのビスキュイ
（530mm×328mm　天板1枚分）
- 全卵……100g
- アーモンドパウダー……72g
- パウダーシュガー……60g
- 薄力粉……10g
- 強力粉……10g
- バター……18g
- 卵白……142g
- グラニュー糖……34g

作り方

ミュスカ・ド・リヴザルトのエスプーマ
1. 鍋に牛乳、生クリーム35%、グラニュー糖を入れて沸かす。凝固剤を入れ、ミュスカ・ド・リヴザルトを加え裏漉しする。エスプーマに入れガスを充填しておく。

桃のソルベ
1. 全ての材料を合わせ、パコジェットビーカーに詰めて冷凍する。

桃のコンポート
1. 白桃を湯剥きして半分にカットする。
2. 鍋にミュスカ・ド・リヴザルト、グラニュー糖、バニラビーンズを入れて沸かす。1の桃を入れてポシェしてコンポートにする。
3. 半量のコンポートをスティックミキサーでピュレにし、半量はコンカッセにし、混ぜ合わせる。

ラベンダーのグラニテ
1. 鍋に水とグラニュー糖を入れて沸かす。ドライラベンダーを加えて約10分蒸らす。裏漉して冷めたらレモン果汁を加え冷凍する。固まったら砕く。

バニラクリーム
1. 鍋に牛乳、生クリーム、バニラビーンズを加えて温め、卵黄とグラニュー糖をすり合わせ鍋に注ぎ入れる。
2. 1に寒天を加えて溶かし裏漉し、ホテルパンに流し固め冷凍する。

アーモンドのビスキュイ
1. 全卵をミキサーにかけ、アーモンドパウダーとパウダーシュガーを合わせてふるった物を加え、白っぽくなるまで泡立てる。ふるった粉と溶かしバターを加え、卵白にグラニュー糖を加えメレンゲにして合わせる。
2. 1を天板に流し、200℃のコンベクションオーブンで約8分焼く。焼き上がったら直径3cmの抜き型で抜いておく。

仕上げと盛りつけ
1. 冷凍し固めたバニラクリームに泡立てた生クリーム（分量外）を塗り、アーモンドのビスキュイを張り付けておく。ビスキュイを張ったバニラクリームをホテルパンから剥がし、3cmの丸抜き型で抜く。
2. 飴（分量外）で桃の器とヘタを作り、器の底面を丸く抜いて用意する。
3. 2にミュスカ・ド・リヴザルトのエスプーマを絞り入れ、桃のピュレと合わせたコンポートを入れる。更に、ラベンダーのグラニテ、桃のソルベを入れ、1で蓋をする。皿に盛りつけ、飴（分量外）で作った桃のヘタとミント（分量外）を飾る。

mémo
桃をかたどった可愛らしいフォルムと淡いピンクの色合いに魅了される。飴細工の中はまるで宝箱のようにクリームやコンフィチュール、ソルベが詰まっている。

エキゾチックフルーツのスープ仕立て
パッションフルーツとココナッツの雲
Soupe de fruits exotiques, sorbet passion et mangue coco

材料（作りやすい分量）

マンゴーフルーツのクリーム
- マンゴーのピュレ……240g
- 生クリーム35%……240g
- 牛乳……160g
- グラニュー糖……60g
- 卵黄……160g
- バニラビーンズ……2本
- 寒天……10g

ココナッツのエスプーマ
- ココナッツのピュレ……250g
- 水……40g
- 卵白……34g
- グラニュー糖……14g
- ゼラチンパウダー……4g
- 水……20g

ココナッツのメレンゲ
- 卵白……100g
- グラニュー糖……90g
- 粉糖……80g
- ココナッツファイン……80g
- 乾燥卵白……5g

パッションフルーツのソルベ
- パッションフルーツのピュレ……1kg
- シロップ（ボーメ30℃）……300g
- 水……100g
- バニラビーンズ……2本

エキゾチックフルーツのスープ
- エキゾチックフルーツのピュレ……適量
- マンゴー……適量
- パイナップル……適量
- キウイ……適量

mémo
魅惑的なエキゾチックフルーツの酸味と甘みが夏の乾いた身体に染み入る。フレッシュな味わいのフルーツと上質なクリームやソルベなど様々なテクスチャーが楽しい。

作り方

マンゴーフルーツのクリーム
1. 鍋に牛乳、生クリーム35%、マンゴーのピュレ、バニラビーンズを入れて温める。
2. 卵黄とグラニュー糖を混ぜ合わせておく。
3. 1と2を合わせ鍋に戻し、82℃まで温める。寒天を加えて溶かし、裏漉し冷ます。冷蔵庫で保存する。

ココナッツのエスプーマ
1. ココナッツのピュレと水40gを鍋に入れ温め、卵白とグラニュー糖を混ぜたものにあわせ、20gの水で戻したゼラチンを加え溶かし、裏漉しする。エスプーマに詰めガスをセットし冷やす。

ココナッツのメレンゲ
1. 卵白にグラニュー糖と乾燥卵白を合わせたものを加え、しっかり泡立てメレンゲを作る。ココナッツファイン30gと粉糖を加えヘラで合わせる。
2. 天板にクッキングシートを敷き、1を丸口金の絞り袋に入れ絞る。上面に残りのココナッツファインをふり、80℃のオーブンで乾燥焼きする。乾燥後、適当な大きさにカットし保存容器に乾燥剤を入れて保存する。

パッションフルーツのソルベ
1. 全ての材料を合わせ、パコジェットビーカーに詰めて冷凍する。

エキゾチックフルーツのスープ
1. マンゴー、キウイ、パイナップルを1cm弱の角切りにする。エキゾチックフルーツのピュレと合わせておく。

仕上げと盛りつけ
1. 皿の中央にマンゴーフルーツのクリームを絞り、周りにエキゾチックフルーツのスープを盛りつける。
2. 1の上にアイスクリームディッシャーでパッションフルーツのソルベをのせ、上からココナッツのエスプーマをドーム状に絞る。ローストしたココナッツ（分量外）とココナッツのメレンゲを飾る。

フランス産セープ茸の
カプチーノ仕立て
イベリコ豚の生ハムをあしらって

Velouté de cèpes servi comme un cappuccino, quelques copeaux de jabugo

材料（作りやすい分量）

セープ茸のヴルテ
- セープ茸 …… 1.5kg
- エシャロット …… 75g
- 牛乳 …… 1.25ℓ
- 生クリーム …… 750g
- ドライ・ベルモット …… 150g
- フォン・ブラン・ド・ヴォライユ …… 1.5ℓ

アイユ・ローズのクリーム
- アイユ・ローズ …… 100g
- オリーブオイル …… 50g
- タイム …… 1本
- 生クリーム …… 230g

ハーブオイル
- セルフィーユ …… 50g
- 浅葱 …… 50g
- AOCオリーブオイル …… 100g

ヴルテの具材（あしらい）
- セープ茸 …… 2kg
- 煮詰めたはちみつビネガー …… 1g
- アイユ・ローズのクリーム …… 2g
- ハーブオイル …… 5g
- イベリコ豚の生ハム …… 3g

mémo
贅沢なセープ茸の香りに包まれるスープ。イベリコ豚の生ハムの塩味と煮詰めたはちみつビネガーの甘みと酸味が味わいに深みを効かせる。

作り方

セープ茸のヴルテ
1. 鍋でセープ茸をブール・クラリフィエ（分量外）で炒め、エシャロットを加えあまり色つけないように火を加える。ドライ・ベルモットを入れ、フォン・ブラン・ド・ヴォライユ、牛乳、生クリームを加えて煮込み、ミキサーでまわし、中目のシノワで漉す。

アイユ・ローズのクリーム
1. 鍋にオリーブオイルとタイムを入れ、アイユ・ローズをコンフィにする。アイユ・ローズが柔らかくなったら、油を切りと50gの生クリームとミキサーで撹拌し、中目のシノワで漉す。
2. ボウルに残りの180gの生クリームと1のアイユ・ローズ10gを入れて泡立てる。

ハーブオイル
1. セルフィーユと浅葱を刻み、AOCオリーブオイルと合わせる。

ヴルテの具材（あしらい）の準備と盛りつけ
1. 薄切りにしたセープ茸をブール・クラリフィエ（分量外）でソテする。
2. 器にセープ茸のヴルテをハンドミキサーで空気を含ませてから流し入れる。
3. 2にセープ茸のソテ、スライスしたイベリコ豚の生ハムを盛りつけ、アイユ・ローズのクリームを添える。煮詰めたはちみつビネガーとハーブオイルをかける。

仔鳩のファルシを 1匹丸ごとローストして セープ茸 アバを加えたジュと

Pigeonneau farci entier et rôti, quelques cèpes

材料 (25人分)

仔鳩 (ツボ抜き) …… 12.5羽
コニャック・タイム …… 各適量
塩・黒胡椒 …… 各適量

ガルニチュール
セープ茸 …… 1,75kg
エシャロット (アシェ) …… 25g
シブレット (シズレ) …… 25g
ブール・クラリフィエ …… 125g

ソースサルミ
鳩のガラ …… 25羽分
バター …… 50g
エシャロット (エマンセ) …… 12個
赤ワイン …… 1.5ℓ
アバ (心臓、レバーのアシェ) …… 12羽分
ジュ・ド・ピジョン (P312参照) …… 2ℓ
水 …… 適量

サボイキャベツのファルス
①ファルス (ひき材)
仔牛肉 (くず肉)・豚のゴルジュ …… 各90g
豚の背脂 …… 60g
フォワグラ …… 45g
コニャック、マデイラ …… 各適量
塩・黒胡椒 …… 各適量
②ファルス (マッシュルームとサボイキャベツ)
マッシュルーム (5mm角) …… 200g
たまねぎ (5mm角) …… 100g
にんにく (アシェ) …… 1/2個
生ベーコン (アシェ) …… 25g
タイム …… 適量
生クリーム …… 200g
白ワイン・バター …… 適量
サボイキャベツ …… 100g
③ファルス (クネル)
鶏胸肉、生クリーム …… 各100g
卵白 …… 1/2個　塩 …… 2g
④ファルス (仕上げ)
栗 (4mm角) …… 40g
ディジョンマスタード …… 2.5g
イタリアンパセリ (アシェ) …… 5g
塩・黒胡椒 …… 適量

サボイキャベツ (巻用) …… 2個

---

mémo
赤身の仔鳩肉のコクに負けないセープ茸。シンプルにソテするセープ茸は程よい食感を残す繊細な火入れ加減。

作り方

仔鳩の下準備と調理
1 ツボ抜きにした仔鳩を裏返しにし、塩・黒胡椒、コニャック、タイムでマリネする。
2 サボイキャベツのファルスを1のツボ抜きした仔鳩に詰めタコ糸で成形する。表面に塩・黒胡椒をして真空パックをする。62℃のスーピークッカーで胸肉の芯温が52℃になるまで火を入れ冷却する。

ガルニチュール
1 スライスしたセープ茸をブール・クラリフィエでフライパンでソテし、塩 (分量外)、エシャロット、シブレットを合わせる。

ソースサルミ
1 鍋にバターを溶かし、鳩のガラを色よく表面を焼き取り出し、鍋の脂を切る。鍋にエシャロットを加え香りが出たら、ガラを鍋に戻し入れ赤ワインを入れ、水分がほとんどなくなるまで煮詰め、ジュ・ド・ピジョンを入れる。
2 粗目のシノワでピロンを使いエキスを抽出するように漉す。再度火にかけアバを加え弱火で20分程度煮る。中目のシノワでアバを良く押さえて漉し、再び火にかけ細目のシノワで漉して仕上げる。

サボイキャベツのファルス
1 ①の材料を合わせ、マリネする。ミンサーの粗めで一度挽く。
2 ②のマッシュルームとサボイキャベツのファルスを作る。鍋で生ベーコンをバター (分量外) で火を入れ、たまねぎ、にんにく、タイムを加えて甘みをだすようにソテする。別のフライパンでマッシュルームをバターでソテし鍋に移し、白ワインでデグラッセして生クリームを加える。粗みじん切りしたサボイキャベツを加えて、弱火でじっくり火を入れていく。塩・胡椒 (分量外) で味を調えて仕上げる。
3 ③のファルスを作る。鶏胸肉の皮を取り除き、適当な大きさに切り分けて、ロボクープですり身にし、細目のタミで裏漉しする。塩、卵白、生クリームを混ぜ合わせて仕上げる。
4 ファルスを仕上げていく。②③と④の材料をボウルに入れよく混ぜ合わせ、60gのポーションに分けておく。サボイキャベツを柔らかくボイルし帯状に整え、水分をしっかり切り、肉叩きで葉脈をつぶし、軽く塩をふる。十字にサボイキャベツを並べファルスを巻く。ラップで筒状に成形し、スチームコンベクション80℃で20分火を入れしっかり冷ます。

仕上げと盛りつけ
1 仔鳩を57℃のスーピークッカーで15分温め、フライパンで表面をバター (分量外) でアロゼしながら色よく仕上げる。
2 ガルニチュールのセープ茸を皿にのせ、1を切り分けて盛りつける。ソースサルミをかける。

IMPERIAL HOTEL restaurant français

鮑のグリエ
アーティチョーク・ポワヴラードのバリグール
Ormeau grillé aux artichauts poivrades en barigoule

材料（2人分）
鮑 …… 350g

アーティチョークのバリグール
アーティチョーク …… 1/2個
ジロル茸 …… 25g
パールオニオン（5mm角切り）…… 5g
生ハム（5mm角切り）…… 5g
トマトコンフィ（5mm角切り）…… 2g
レモンコンフィ …… 2g
ヘーゼルナッツ（5mm角切り）…… 2g
イタリアンパセリ（シズレ）…… 2g
ドライ・ベルモット …… 10g
フォン・ブラン・ド・ヴォライユ …… 30g
ジュ・ド・ジロル …… 30g
ヘーゼルナッツ・ヘーゼルナッツオイル
　…… 各適量
バター …… 適量

パルミジャーノレッジャーノのエミュルシオン
　A 水 …… 300g
　　 パルミジャーノレッジャーノ粉 …… 200g
　B 生クリーム20% …… 100g
　　 パルミジャーノレッジャーノ粉 …… 10g
バター …… 適量

---

mémo
鮑は殻付きのまま火を入れ、柔らかいながらも食感を感じる絶妙なバランスが素晴らしい。アーティチョークのクラシックな味わいと共に。

作り方

鮑の下処理と調理
1 鮑を掃除して、フライパンにバター（分量外）を溶かし、殻のついたまま鮑を入れ蓋をしてゆっくり火を入れていく。火が入ったら、縦半分に切り、断面をグリエする。

アーティチョークのバリグール
1 レモンコンフィの身を外し、皮を5mm角に切る。
2 アーティチョークの底と側面を剥き花托を取り出して1/4にカットする。変色しないようにレモン汁につけておく。フライパンにバターを溶かしアーティチョークをソテする。
3 ジロル茸を掃除し、フライパンにバターを溶かしソテし、少量の水を加えて火を入れざるに取る。煮汁を取り置いておく。
4 片手鍋にバターを溶かし、パールオニオンを加えよく炒めたら、ドライ・ベルモットでデグラッセし、生ハム、フォン・ブラン・ド・ヴォライユ、ジュ・ド・ジロルを加えて煮詰める。バターでモンテしローストしたヘーゼルナッツ、ヘーゼルナッツオイル、アーティチョーク、ジロル茸、レモンコンフィ、トマトコンフィ、イタリアンパセリを加えて仕上げる。

パルミジャーノレッジャーノのエミュルション
1 Aの材料を合わせて一度沸かし、火から外しラップをして冷ます。一晩水に香りを移す。
2 1の上澄み液をすくい、Bの材料と共に鍋に入れて火にかけ沸かし冷ます。
3 2にバターを加え火にかけ、バーミックスにかけ泡状にする。

仕上げと盛りつけ
1 お皿にセルクルを置き、アーティチョーク以外のバリグールをセルクルの内側に盛りつける。
2 セルクルの周りにパルミジャーノレッジャーノのエミュルションを注ぐ。セルクルを外し、鮑とアーティチョークを盛りつける。

フォワグラのポワレに牡蠣を添えて
酸味を加えたエシャロット
シトロンジュレ ビーツの雲

Foie gras chaud aux huîtres, échalotes acidulées et gelées de citron, nuage de betterave

材料（10人分）

フォワグラ（スライス）……10枚
牡蠣……250g

ビーツのエミュルション
ビーツのジュース……200g
レシチン……3g

エシャロットのコンフィ
エシャロット……100g
赤ワイン……50g
シェリービネガー……10g

シトロンジュレ
シトロンビネガー……250g
アガー……11g

ソース
ジュ・ド・カナール……50g
ブール・ノワゼット……20g
バター……20g

浅葱……10g

mémo
牡蠣とフォワグラ、海の物と山の物のコラボレーション。ビーツの華やかなエミュルションの泡を添えた美しくモダンな一皿。

作り方

フォワグラのポワレ
1 フォワグラのスライスに塩・胡椒（分量外）をし、熱したフライパンで表面に焼き色がつくようにソテし、弱火にし中心まで火を通す。

牡蠣の調理
1 鍋に牡蠣と少量の水を加えて火を入れ、ふっくらと仕上げる。1cm角にカットしておく。

ビーツのエミュルション
1 鍋にビーツのジュースとレシチンを入れて温めてエアー・ポンプで泡状にする。

エシャロットのコンフィ
1 エシャロットは皮付きのままアルミホイルで包み、天板に岩塩を敷きその上に置き、200℃のコンベクションオーブンで柔らかくなるまで火入れする。
2 1の皮を剥き、5mm角にカットしたら、バター（分量外）でソテし、シェリービネガーと赤ワインを入れてデグラッセして仕上げる。

シトロンジュレ
1 鍋にシトロンビネガーとアガーを混ぜ合わせ火にかけ、沸かしてから23.5cm×15.5cmの型に流し入れて固める。3mm角にカットしておく。

ソース
1 ジュ・ド・カナールを鍋に入れて煮詰め、ブール・ノワゼットとバターでモンテする。

仕上げと盛りつけ
1 皿にソースを流し、ポワレしたフォワグラをのせる。その上に牡蠣、エシャロットのコンフィ、シトロンジュレ、浅葱で飾る。ビーツのエミュルションを添える。

注＊レ セゾンでは現在牡蠣の料理は提供しておりません。

アーティチョーク・ポワヴラードとヘーゼルナッツ パルマ産生ハムとアンチョビをアクセントに

Artichaut poivrade, jambon cru et noisette, une pointe d'anchois

材料（10人分）

アーティチョーク …… 7.5個

アーティチョークのクリーム
CASアーティチョーク …… 200g
エシャロット …… 10g
生クリーム …… 150g
水 …… 適量

アンチョビのピュレ
アンチョビ …… 20g

ヘーゼルナッツのエミュルション
フォン・ブラン・ド・ヴォライユ（煮詰めたもの）
…… 20g
生クリーム …… 100g
ヘーゼルナッツオイル …… 5g
ヘーゼルナッツのプラリネ …… 5g

イタリアンパセリ（シズレ） …… 2g
パルマ産生ハム …… 5g
ローストしたヘーゼルナッツ …… 10個

---

mémo
アーティチョークを存分に楽しむためのスペシャリテ。独特の甘味と苦味が心地よい。ヘーゼルナッツの香ばしい風味がアクセントに。

作り方

アーティチョークの下準備と調理

1 アーティチョークの底と側面を剥き花托を取り出して1/4にカットする。変色しないようにレモン汁につけておく。フライパンにバターを溶かし（分量外）アーティチョークをポワレする。

アーティチョークのクリーム

1 CASアーティチョークを冷凍のまま90℃のスチームコンベクションオーブンで約50分火を入れ、掃除しスライスする。
2 鍋にバター（分量外）を溶かし、スライスしたエシャロットを炒め、アーティチョークを加えて更に炒め、水を加えて柔らかく煮る。
3 2の水分を煮詰め、生クリームを加えて軽く煮たら、ミキサーで撹拌し、中目のシノワで漉す。

アンチョビのピュレ

1 アンチョビの油を切り、ミルサーにかけて細目のタミで漉す。

ヘーゼルナッツのエミュルション

1 フォン・ブラン・ド・ヴォライユを鍋に入れて1/3の量になるまで煮詰める。生クリーム、ヘーゼルナッツオイル、ヘーゼルナッツのプラリネを加えて合わせ、バーミックスで泡状にする。

仕上げと盛りつけ

1 フライパンにバター（分量外）を溶かし、ポワレしたアーティチョークをソテして、イタリアンパセリ、5mm角切りにしたパルマ産生ハム、ローストしたヘーゼルナッツの5mm角切りと合わせる。
2 皿に、ヘーゼルナッツのエミュルションを流し入れ、1を盛りつけ、アーティチョークのクリームを添えアンチョビのピュレをのせる。

ルジェ・ド・ロッシュの上にのせた
イカのソテとインカのめざめのエクラゼ
チョリソーソーセージの雲

Rouget de roches sur une pomme de terre écrasée, encornet sauté à cru et nuage de chorizo

材料（10人分）

ルジェ……5本分（約200～300g）

ヒイカ（胴部分が10cm以下のもの）……10杯
イタリアンパセリ（シズレ）……2g
トマトコンフィ（粗みじん切り）……10g
にんにく（アッシェ）……2g

じゃがいものエクラゼ
インカのめざめ……250g
AOCオリーブオイル……20g
シブレット（シズレ）……3g
エシャロット（シズレ）……5g

サイフォンチョリソー
イベリコ豚のチョリソー……70g
にんにく……1片
赤たまねぎ……60g
セロリ……25g
にんじん……50g
フォン・ブラン・ド・ヴォライユ……1.4ℓ
生クリーム……150g
アガー・葛粉……各適量

イカ墨のソース
A　ヤリイカ……1kg
　　赤ワイン……1ℓ
　　たまねぎ（角切り）……200g
　　つぶしたにんにく……3片
　　タイム・ローリエ・エストラゴン……各1本
B　トマト（笄切り）……200g
　　トマトペースト……20g
C　ミニョネット……2g
　　アルマニャック……60g
フュメ・ド・ポワソン……400g

赤ワイン・コーンスターチ・イカ墨・
ピメントエスプレット……各適量

mémo
個性的な味わいのヒメジにはインパクトの強いバスクの食材を合わせて。チョリソー、小ヤリイカとも相性がいい。

作り方

ルジェの下準備と調理
1　ルジェを3枚におろし、フィレにする。塩・胡椒（分量外）をふり、グリエする。

イカの調理
1　ヒイカは足と胴体に分け、胴体を輪切りにスライスする。（足はこの料理では使用しない）
2　熱したフライパンで1を素焼きにし、色ついたらオリーブオイル（分量外）を注ぎ、イタリアンパセリ、にんにく、トマトコンフィを加え絡める。

じゃがいものエクラゼ
1　インカのめざめを原塩を敷き詰めた天板にのせてコンベクションオーブンで焼き、皮を剥いて、粗目のタミで裏漉す。

サイフォンチョリソー
1　鍋にバター（分量外）を溶かし、角切りにした赤たまねぎ、セロリ、にんじん、にんにくをソテする。スライスしたチョリソーとフォン・ブラン・ド・ヴォライユを加え1/3まで煮詰め、生クリームを加え沸かし粗熱を取る。ミキサーで撹拌し、粗目のシノワで漉す。
2　1を100gに対して1.5gのアガーを加えて火にかける。エスプーマに詰める。

イカ墨のソース
1　ヤリイカの内臓などを取り除き掃除する。Aの材料を全てあわせ24時間マリネする。24時間経ったら、ヤリイカ、たまねぎ、つぶしたにんにくを、マリナード液に分ける。
2　ヤリイカを強火で水が出ないようにオリーブオイル（分量外）でソテする。マリナード液は沸かして灰汁を引き、細目のシノワで漉す。ミルポワは、深鍋でオリーブオイルでソテし、Bを加えて火を入れていく。マリナード液、ヤリイカ、フュメ・ド・ポワソンを加えて沸かし、弱火で1.5時間煮込む。
3　2を火からおろし、Cを加えてラップをして香りを移し、細目のシノワで漉したら再度火にかけ、イカ墨、ピメントエスプレットを加えて味を調え、コーンスターチでとろみをつけ、布で漉す。

仕上げと盛りつけ
1　じゃがいもを温め、AOCオリーブオイル、エシャロット、シブレット、少量のシェリービネガー（分量外）で味付けする。皿に盛りつける。
2　1の上にグリエしたルジェをのせる。ヒイカのソテをルジェの上にのせる。
3　イカ墨のソースを温め、葉型に切ったにんじんでスタンプをつくり、皿にイカ墨のソースで押し描く。ベビーリーフ（分量外）を飾る。エスプーマに入れたサイフォンチョリソーを絞る。

軽くスモークした富士山麓の鱒
甘み豊かなみかん胡椒とキャビアクリーム
Truite du mont Fuji fumée à la minute, mikankosho et crème de caviar

材料（1人分）

鱒（皮付き）……50g
スモークウッド……適量
炭塩……適量

キャビアクリーム
クレーム・フェッテ……4g
クレーム・エペス……2g
キャビア オシェトラ……3g

みかん胡椒（20人前）
みかん……5個
オリーブオイル……適量
マンダリンジュース……330g
粒生こしょう……8g
アガー……10g

フィヨルドルビー……3g
オリーブキャビア……2g

オゼイユ……適量
アマランサス……適量
菊花……適量

mémo
清流が湧き出る富士山麓の大自然の恵みを育み、雑味のないすっきりとした味の鱒。薫製の香ばしい風味に、贅沢なキャビアクリーム、みかん胡椒の酸味と甘み、辛みが淡白な食材のアクセントになる。

作り方

鱒の調理
1 鱒をおろし50gにスライスする。塩を振り燻製器にかけて火を入れる。鱒が熱くなりすぎないように気をつける。

キャビアクリーム
1 クレーム・フェッテとクレーム・エペスを2対1で合わせ、キャビア オシェトラを加えて混ぜ合わせる。

みかん胡椒
1 みかんのへたを取り、穴を開け、水から3回茹で溢し、ミキサーでまわしてピュレ状にする。
2 鍋にマンダリンジュース、オリーブオイルを入れ、火を加え半分まで煮詰め、アガーを入れる。1のピュレを加えて合わせ、火を入れる。
3 2に粒生こしょうを加え、ミキサーでまわす。酸味が足りないときはシェリービネガー（分量外）で味を調える。

盛り付け
1 燻製にした鱒を皿に載せる。
　クネルにしたキャビアクリームを鱒の上に盛り付け、更に、フィヨルドルビー、オリーブキャビアをのせる。
2 オゼイユ、アラマンサス、菊花で飾る。

フランス産舌平目を骨付きのままリソレして生姜バターと京人参のコンディマンテと共に

Sole rissolée à l'arête au beurre de gingembre, carotte de Kyoto condimentée

材料 (4人分)

舌平目（フランス産）……1尾（800g）

京人参のジュレ (12人分)
京人参のピュレ……100g
アガー……4g

生姜バター (10人分)
AOPバター……90g
白胡麻・黒胡麻……各2g
生姜すりおろし……40g
わかめ（アシェ）……8g
塩……1g

カレーマヨネーズ (20人分)
AOCオリーブオイル……50g
卵黄……1個
カレーパウダー……1g
マスタード・ド・モー……5g
（ポメリーマスタード）

ガルニチュール
葉付き京かんざし……5本

ソース
ジュ・ド・ポワソン……25g
ジュ・ド・プーレ……25g
バター……5g
ブール・ノワゼット……5g

---

mémo
身は引き締まりながらも、ほどよく脂がのり柔らかく、魚の繊細な旨味が詰まったドーバーソール。バターに生姜のすりおろし、わかめ、胡麻を加えて日本のエスプリで作られたスペシャリテ。

作り方

舌平目の準備と調理
1 舌平目の皮、内臓、顔をはずし、塩・胡椒（分量外）をする。フライパンにバター（分量外）を溶かし、表面に焼き色がつくようにリソレする。

京人参のジュレ
1 京人参を茹でてミキサーでピュレ状に撹拌する。
2 鍋に入れ、アガーと合わせ火にかける。20cm×14cmの型に流し入れ冷やす。固まったら、8cm×4cmの直角三角形にカットする。

生姜バター
1 AOPバターをポマード状にし、ボウルに入れ残りの全ての材料と合わせる。200gをビニール袋に入れて平らにならす。冷凍庫で冷やし固める。

カレーマヨネーズ
1 卵黄、マスタード・ド・モー、AOCオリーブオイル、カレーパウダーでマヨネーズを作る。

ガルニチュール
1 京かんざしの皮を剥き、塩（分量外）をふり、片手鍋にたっぷりのオリーブオイル（分量外）を入れてゆっくり火を入れていく。

ソース
1 ジュ・ド・ポワソン、ジュ・ド・プーレを鍋に入れ、軽く煮詰め、バターとブール・ノワゼットでモンテする。

仕上げと盛りつけ
1 リソレした舌平目の骨を取り外し、生姜バターをのせてサラマンドルで炙りバターを溶かし、皿に盛りつけソースをかける。
2 京人参のジュレを舌平目の横に添え、京かんざしをのせる。スライスした京かんざしと葉を添え、カレーマヨネーズをかける。

IMPERIAL HOTEL *restaurant français*

山ウズラのパイ包み焼き
キャベツのデュクセル ラール
ジュ・ド・トリュフ

Perdreau gris de Beauce en fine croûte feuilletée, chou vert et duxelle, jus de truffe

材料（2人分）

山ウズラの胸肉 …… 1羽分
山ウズラの腿肉 …… 1羽分
鴨の脂 …… 適量
フォワグラ …… 30g
フィユタージュ …… 2枚
（直径14cm、厚さ1.75mm）

キャベツのコンポート（8人分）
塩漬け豚バラ肉（3mm幅）…… 20g
パンチェッタ（3mm幅）…… 20g
サボイキャベツ …… 250g
バター …… 50g
鴨の脂 …… 適量

マッシュルームのデュクセル（8人分）
バター …… 適量
たまねぎ（8mm角）…… 40g
マッシュルーム …… 100g
リヴザルトワイン …… 20g
シナモン …… 適量
クミンシード（アシェ）…… 適量
山ウズラのササミ …… 8枚

山ウズラのサルミソース
山ウズラのガラ …… 10羽分
赤ワイン …… 2ℓ
フォン・ブラン・ド・ヴォライユ …… 2ℓ
フォン・ド・ヴォー …… 500g
アバ（心臓、レバー）…… 10羽分
トリュフ …… 2g

---

mémo
フォワグラ、サボイキャベツ、マッシュルームのデュクセルで作ったファルスが山ウズラのパイを複雑な味に導く。

作り方

山ウズラの調理（パイ包み焼き）
1 山ウズラの胸肉とフォワグラに塩・胡椒（分量外）をし、表面を締める程度にさっと焼いて急冷する。脚肉は塩・胡椒（分量外）をし、表面を焼き締め、鴨の脂と共に真空パックし、80℃のスチームコンベクションで約3時間加熱し、柔らかくなるまで火を入れ、急冷する。
2 フィユタージュを厚さ1.75mmに伸ばし、直径14cmに型抜き、1の脚肉、マッシュルームのデュクセル、フォワグラ、胸肉の順にのせ、周りにキャベツのコンポートを盛り包む。卵液（分量外）を塗る。230℃のコンベクションオーブンで約10分火を入れる。

キャベツのコンポート
1 鍋に鴨の脂を溶かし、塩漬けの豚バラ肉、パンチェッタを加えて脂を溶かし出す。サボイキャベツを加えて塩・胡椒ふり、しんなりするまで火を入れ、バターでモンテして仕上げる。

マッシュルームのデュクセル
1 テフロンのフライパンにバターを溶かし、たまねぎを加えてしんなりさせ、マッシュルームを加えてソテする。塩・胡椒（分量外）で味を調える。
2 1にリヴザルトワインを注いで煮詰め、仕上げにシナモンとクミンを加える。モンテするときに山ウズラのササミを加える。

山ウズラのサルミソース
1 鍋にバターを溶かし、ガラをソテし一度取り出し、油を切る。ガラを鍋に戻し入れ赤ワインを加えて、ほとんど水分がなくなるまで煮詰める。
2 1にフォン・ブラン・ド・ヴォライユとフォン・ド・ヴォーを加えて、1/2程度まで煮詰めたら、粗目のシノワでエキスを抽出するように漉す。
3 2を新たな鍋に入れよく刻んだアバを加えて20分程度煮て、味を馴染ませ、アバを良く押さえて中目のシノワで漉す。再び火にかけ、細目のシノワで漉し、トリュフを加えて味を調える。

仕上げと盛りつけ
1 お客様の前でウズラのパイ包み焼きを切り分け、皿に盛りつける。ソースをかける。

雷鳥のインペリアル風
トリュフを香らせた蕎麦と一緒に
Grouse à l'Impérial, soba à la truffe

材料（10人分）
雷鳥 …… 10羽

A　赤ワイン …… 4.5ℓ
　　たまねぎ …… 500g
　　にんじん …… 400g
　　セロリ …… 100g
　　にんにく …15g　丁字 …4粒
　　ジュニパーベリー …… 4粒
　　フォン・ド・ヴォー …… 3ℓ

パテ
豚のゴルジュ …… 450g
豚の背脂 …… 350g
仔牛のひき肉 …… 250g
マッシュルーム …… 180g
エシャロット（シズレ） …… 30g
パン・ド・ミ …… 20g
牛乳 …… 適量
コニャック、フォワグラ …… 各100g
鴨の脂 …… 50g
トリュフ・オイル …… 600g
卵 …… 155g（3個分）
塩 …… 8g　胡椒 …… 3g
キャトルエピス …… 2g
パセリ、タイム …… 各適量

網脂 …… 1kg
豚の背脂 …… 500g
フォワグラ（ニンフィ） …… 600g

雷鳥のソース
黒胡椒、フォワグラバター …… 各適量
ショコラ（56％） …… 適量
ヴィネグレット・ド・カカオ …… 適量

生蕎麦 …… 40g
生クリーム …… 25g
トリュフピュレ …… 5g
ジュ・ド・トリュフ …… 10g
トリュフ・オイル …… 5g
蕎麦茶、蕎麦米 …… 各適量
柑橘フェッテ …… 10g

セロリラブのピュレ（P265参照） …… 30g
栗のグラッセ（P312参照） …… 1個
金箔 …… 適量

---

mémo
木の葉の香りがする雷鳥で作る滋味深い料理。内臓部立を使った濃厚でありながら繊細なソースは絶品。

作り方

雷鳥の下準備
1　雷鳥をアビエし1枚開きにおろし、Aの材料とガラと共に一晩マリネする。レバー、心臓、肺はそれぞれ別々に保管する。
2　煮汁の準備をする。1を一晩マリネしたら、雷鳥、野菜、ガラ、マリネ液を分けて取り出す。ガラと野菜をソテし、マリネ液は一度沸かして灰汁を引き漉しておく。深いバットに、ソテした野菜とガラ、マリネ液、フォン・ド・ヴォーを入れる。

パテ
1　豚のゴルジュ、豚の背脂、仔牛ひき肉、マッシュルーム、牛乳に浸したパン・ド・ミ、フォワグラを合わせ、細目の穴のミンチマシーンで一度挽き、残りの材料と合わせる。
2　雷鳥をおろしたときにとっておいた心臓とレバーをフードプロセッサーで撹拌してペースト状にし、裏漉しする。1と合わせ10等分にする。

雷鳥の調理
1　網脂は水にさらして血抜きをしておく。豚の背脂を5mm角、長さ25cmにカットしておく。フォワグラのコンフィは太さ約1.3cmにカットする。
2　マリネした一枚開きの雷鳥の胸肉と腿肉の間にささみを挟み、両面に塩をふる。10等分したパテ1個分の1/4を薄く塗る。その上にカットしておいた豚の背脂を並べ、残りのパテを塗る。カットしたフォワグラのコンフィをのせて、皮が破れないようにロール状に巻く。網脂で2重になるくらいに巻き、両サイドにあまりをつける。更にガーゼで包み、タコ糸で縛る。
3　準備しておいた煮汁をいれた深いバットに、ロール状にした雷鳥を入れて、火にかけて70℃まで温度を上げる。70℃のスチームコンベクションで蓋をして12時間火を入れる。ガーゼと網脂をはずしてアルミホイルで綺麗に巻き直し、冷ます。煮汁は漉して煮詰め、仕上げに刻んだ肺を加えてソースのベースにする。

蕎麦
1　生クリームを火にかけ、トリュフピュレ、ジュ・ド・トリュフを加えて蕎麦と合わせ、仕上げにトリュフ・オイルを加える。別皿に盛りつけ蕎麦茶、蕎麦米のフリットを振って酢橘フェッテをクネル型に抜いて上にのせる。

雷鳥のソース
1　雷鳥の煮汁で作ったソースのベース30gを鍋に入れ、黒胡椒、フォワグラバター、ショコラ56％、ヴィネグレット・ド・カカオで味を整え、バターモンテする。仕上げに豚血（分量外）で濃度をつける。

盛りつけ
1　皿にセロリラブのピュレでドーナッツ状に描く。その中にソースを注ぎ入れ、ひとり分のポーションにカットした雷鳥をのせ、皿にソースを雷鳥にかける。グラッセした栗と金箔を押せる。別皿の蕎麦と一緒にご提供する。

IMPERIAL HOTEL restaurant français

蝦夷鹿のロース肉のロティ 酸味のある柿と薫香をつけたバターをからめたビーツ

Noisette de chevreuil d'Ezo rôtie, kaki vinaigré, betterave au beurre fumé

材料 (2人分)

鹿ロース肉 …… 120g

パンチェッタ …… 20g

ジュニパーベリー …… 適量

緑茶パウダー …… 適量

ビーツ …… 8g

鰹節バター (40人前)
鰹節 乾煎り …… 10g
バター …… 110g
パン粉 (ブリオッシュ乾煎り) …… 8g

あんぽ柿のビネガーコンフィ (24人前)
あんぽ柿 …… 150g
生姜 …… 30g
白ワインビネガー …… 150g

セロリラブのピュレ (20人前)
セロリラブ …… 200g
生クリーム …… 100g
バター …… 50g
セロリの葉 …… 10g
イタリアンパセリ …… 5g

鹿のソース (P312参照) …… 適量

mémo
柔らかく上品な味わいの蝦夷鹿。鰹節バター、あんぽ柿、緑茶粉末が和を感じさせるエッセンスになっている。

作り方

鹿ロース
1 鹿ロース肉を約120gのポーションにカットし、塩・胡椒(分量外)をする。ミルで砕いたジュニパーベリーを振り、スライスしたパンチェッタで巻く。
2 1をラップで円柱に成形し、真空パックする。62℃の湯煎で芯温54℃まで加熱する。
3 フライパンを使い火入れしたロース肉をバター(分量外)でソテする。

ビーツの下準備
1 ビーツは皮付きのまま真空パックに入れ、スチームコンベクションで柔らかくなるまで火を入れていく。厚さ5mm、直径2cmに型抜いたら、ウォーマーであたため、その上に鰹節バターをのせる。

鰹節バター
1 乾煎りした鰹節をミルサーで撹拌し、常温に戻したバターとパン粉を合わせ、ラップで円柱状に成形する。2mmの厚さにカットする。

あんぽ柿
1 白ワインビネガーに皮を剥きスライスした生姜を入れ、あんぽ柿と共に真空パックし、62℃の湯煎で約30分火を入れる。

セロリラブのピュレ
1 セロリバターを作る。バター、セロリの葉、イタリアンパセリをパコジェットに入れ回す。
2 セロリラブを薄切りにし、生クリームと水(分量外)で柔らかく煮てミキサーにかけ、中目のシノワで漉してピュレにする。
3 セロリラブのピュレをセロリバターでモンテする。

仕上げと盛りつけ
1 セロリバターでモンテしたセロリラブのピュレで皿に描く。緑茶パウダーで、円状に型取る。
2 ソテした鹿ロースをカットし、皿に盛りつける。鰹節バターが乗ったビーツ、あんぽ柿をバランスよく盛りつけ、鹿のソースをかける。

備長炭で焼き上げた和牛のサーロイン 塩釜焼きにねずの実を香らせた ビーツをつけ合せで

Pièce de bœuf grillée au feu de bois, betterave en croûte de sel et genièvre

材料（1人分）

和牛サーロイン（1人分）……60g

塩釜焼き
水……280g
中力粉……900g
卵白……250g
原塩（ロボクープかける）……800g
ジュニパーベリー（ねずの実）……60g
（ミルサーにかける）
ビーツ（火を入れたもの）……30g

ソース
ジュ・ド・ブフ……15g
（コンソメ・ド・ブフを煮詰めたもの）
ブール・ノワゼット……5g

フュメ・ド・オイル
乾燥椎茸……120g
ピーナッツオイル……1ℓ
ラプサンスーチョン……20g
生姜スライス……30g
ロングペッパー……3個

コンソメ
コンソメ・ド・ブフ……54g
ビーツのジュース……適量

みかん胡椒（⊃289参照）……適量

レフォールクリーム（10人分）
クレーム・フェッテ……100g
レフォール……20g

mémo
ジュニパーベリーの苦みと甘みが塩釜で焼かれたビーツに香りつけられ、和牛の旨味を引き立てる。

作り方

和牛サーロインの調理
1 和牛サーロインにアセゾネし、串をうち、備長炭で焼き上げる。

ビーツの下準備
1 ビーツは皮付きのまま真空パックにし、スチームコンベクションで柔らかくなるまで火を入れていく。

塩釜焼き
1 中力粉と原塩を合わせ、砕いたジュニパーベリーを加える。溶いた卵白と水を数回に分けて合わせる。生地がまとまったら一度休ませ、10cm×15cm、厚さ5cmに伸ばす。
2 火入れしたビーツを1の生地で包み込み220℃のコンベクションオーブンで約20分焼く。

ソース
1 ジュ・ド・ブフを温め、バター（分量外）とブール・ノワゼットでモンテする。

フュメ・ド・オイル
1 材料を全て合わせて真空パックにし、85℃のスチームコンベクションで約90分加熱する。
2 布で漉す。

コンソメ
1 コンソメ・ド・ブフは、ビーツのジュースで色と香りをつけ、仕上げにフュメ・ド・オイルを加える。

レフォールクリーム
1 クレーム・フェッテとレフォールを合わせる。

仕上げと盛りつけ
1 和牛サーロインの炭火焼きを1人分スライスし、皿に盛りつける。同様に塩釜焼きで焼いたビーツを取り出し、1人分スライスして皿にのせる。
2 レフォールクリーム、みかん胡椒を添え、ソースをかける。
3 コンソメを器に注ぐ。

甘い玉葱のロワイヤル
フランス産の茸とフォワグラ
栗のヴルテと一緒に

Royale d'oignons, quelques champignons et foie gras, velouté de châtaigne

材料（10人分）

たまねぎのピュレ
たまねぎ …… 2個
バター …… 適量
シェリービネガー …… 適量
塩 …… 適量

栗のヴルテ
栗 …… 200g
牛乳 …… 100g
水 …… 100g
塩 …… 適量

赤たまねぎ
赤たまねぎ …… 80g
赤ワイン …… 40g
赤ワインビネガー …… 20g

たまねぎのフラン
たまねぎのピュレ …… 400g
卵 …… 2個
牛乳 …… 80g

飾り用
栗 …… 1/2 × 3個
塩 …… 適量
バター …… 適量
栗のチップ …… 適量
茸 …… 適量
フォワグラ …… 適量

mémo
栗のほっくりとした甘さにシェリービネガーと赤ワインビネガーで煮た赤たまねぎの酸味を加えて料理のバランスを取る。

作り方

たまねぎのピュレ
1 たまねぎを原塩を敷いた天板にのせ、アルミホイルで被い、柔らかくなるまでオーブンで加熱する。
2 1のたまねぎの皮を剥きざく切りにし、フライパンにバターを入れブール・ノワゼットにしてソテする。シェリービネガーを加えて塩で味を整える。ミキサーで撹拌し中目のシノワで裏漉しする。

栗のヴルテ
1 鍋に皮を剥いた栗、牛乳、水を入れて煮る。栗が柔らかくなったら塩で味を整え、ミキサーで撹拌し中目のシノワで裏漉しする。

赤たまねぎ
1 適当な大きさにカットした赤たまねぎをオリーブオイル（分量外）でソテし、赤ワインビネガーでデグラッセし、赤ワインを加えて煮詰める。

たまねぎのフラン
1 ボウルに卵を入れて溶きほぐし、牛乳とたまねぎのピュレを合わせ、シノワで漉す。
2 スープ皿に1を注ぎ入れ、85℃のスチームコンベクションで約20分加熱する。

仕上げと盛りつけ
1 栗の皮を剥き、薄くスライスし、ブール・クラリフィエ（分量外）で揚げチップスにする。
2 栗の皮を剥き、バターと塩と共に真空パックして、スチームコンベクションで火を入れる。1cm角に切り、バターでソテする。
3 たまねぎのフランの上に、バーミックスで泡上に仕立てた栗のヴルテを注ぎ、フォワグラ、茸、栗のチップスで盛りつける。

モンブラン
軽やかに 願いを込めて！
Mont-Blanc, en version allégée

材料（10人分）

マロンクリーム
- クレーム・ド・マロン …… 300g
- 牛乳 …… 100g
- 卵黄 …… 60g
- プードル・ア・テ・クレーム …… 8g
- バター …… 230g
- ラム酒 …… 14g

マロンのアイスクリーム
- 牛乳 …… 1ℓ
- 生クリーム35％ …… 300g
- グラニュー糖 …… 140g
- 卵黄 …… 200g
- バニラビーンズ …… 1/4本
- 栗（フランス産蒸し栗）…… 250g

メレンゲ ［セルクル（直径5.5cm×2cm）約20個分］
- 卵白 …… 100g
- グラニュー糖 …… 100g
- パウダーシュガー …… 100g
- コーンフレーク …… 30g
- フィアンティーヌ …… 30g

クレームシャンティイー
- 生クリーム35％ …… 250g
- グラニュー糖 …… 10g
- バニラビーンズ …… 1/2本

カプチーノラム
- シロップ …… 200g
- 牛乳 …… 50g
- 水 …… 24g
- ラム酒 …… 40g
- 乳化剤 …… 3g

---

mémo
栗の甘みを存分に堪能するデザール。滑らかなマロンクリームにメレンゲのサクサクした食感が楽しい。

作り方

マロンクリーム
1. 鍋にクレーム・ド・マロンと牛乳を入れ温める。卵黄とプードル・ア・テ・クレームを合わせ鍋に注ぎ入れ、かき混ぜながら火を入れていく。クリームの濃度がついてきたらバターを入れ、仕上げにラム酒で風味をつける。

マロンのアイスクリーム
1. 鍋に牛乳、生クリーム35％、バニラビーンズ、栗を加えて温める。バニラビーンズを取り出し、スティックミキサーで栗を砕き滑らかなクリームにする。卵黄とグラニュー糖をすり合わせ鍋に注ぎ入れ、かき混ぜながら火を入れていく。粗熱を取りパコジェットビーカーに詰め冷凍する。

メレンゲ
1. コーンフレークとフィアンティーヌを混ぜ合わせ細かく砕いておく。
2. ボウルに卵白を入れ、グラニュー糖を少しずつ加えながら泡立て、パウダーシュガーと1をヘラで混ぜ合わせる。
3. シルパットにオイルスプレーを吹きつけ、2を1.5cmの厚さに伸ばす。
4. セルクルの内側にオイルスプレーを吹き付け、伸ばしたメレンゲにはめ込み85℃のコンベクションオーブンで焼く。

クレームシャンティイー
1. バニラビーンズのサヤをこそげてビーンズを取り出しボウルに入れる。他の材料も全て合わせ泡立てる。

カプチーノラム
1. 全ての材料を鍋に入れて温める。

仕上げ
1. メレンゲの上にクレームシャンティイーを絞りメレンゲと同じ大きさの網状にしたチョコレート（分量外）をのせる。
2. 1の上にマロンクリームを絞り、刻んだ蒸し栗（分量外）をのせる。その上にマロンクリームを絞り網状にしたチョコレート（分量外）をのせる。
3. スティックミキサーで泡状にしたカプチーノラムを皿に盛り、2をのせる。
4. 上にアイスクリームを盛りつけニードルチョコレート（分量外）を飾る。

柚子のジュレと
ジンのグラニテをあわせた柿

Kaki en gelée de yuzu et granité gin

材料（作りやすい分量）

柿のコンポート
柿 …… 2個
シロップ …… 適量

ジンのグラニテ
水 …… 1ℓ
グラニュー糖 …… 160g
ジン …… 186g
柚子皮のすりおろし …… 2個

抹茶のエスプーマ
牛乳 …… 150g
生クリーム35％ …… 270g
グラニュー糖 …… 50g
凝固剤 …… 16g
抹茶パウダー …… 20g

柚子のジュレ
水 …… 330g
グラニュー糖 …… 50g
柚子果汁 …… 30g
ゼラチン（板）…… 4.5g
柚子皮すりおろし …… 1/2個

mémo
柿のこっくりした甘みに、ジンのグラニテの苦みと柚子の爽やかなジュレがバランスよく重ねられた一皿。

作り方

柿のコンポート
1 柿の皮を剥き1/4にカットし、シロップと共に真空パックする。沸騰したお湯の中に入れて堅さを調節する。
2 真空パックから柿を取り出し、ピュレとコンカッセにしておく。

ジンのグラニテ
1 鍋に水とグラニュー糖を入れて沸かし、シロップを作る。冷却しジンと柚子皮のすりおろしを加えバットに流し冷凍する。凍ったら細かく砕いておく。

抹茶のエスプーマ
1 鍋に牛乳、生クリーム35％、グラニュー糖を入れて沸かす。凝固剤をいれて抹茶パウダーがだまにならないように、鍋の牛乳を少量伸ばしながら加え、裏漉しをする。冷却後、エスプーマに入れガスを充填しておく。

柚子のジュレ
1 鍋に水、グラニュー糖、柚子果汁を入れて沸かし、戻したゼラチンを加えて溶かす。裏漉し、柚子皮のすりおろしを入れ、バットなどに流し冷却する。

仕上げ
1 器に抹茶のエスプーマを少量絞り出し、上から柿のピュレ、柚子皮のジュレ、柿のコンポート、ローストし半分に切ったヘーゼルナッツ（分量外）を入れる。
2 1にジンのグラニテを入れ、柚子皮のすりおろしをふり、仕上げる。

"ジェラール・ボワイエ"氏直伝の黒トリュフのパイ包み焼き

La fameuse truffe en croûte comme me l'expliqua Gérard Boyer aux Crayères

材料（10人分）

黒トリュフ …… 400g（1人前40g）
フォワグラ …… 200g（1人前20g）
パート・フィユタージュ …… 400g

ソース
シェリー …… 180g
フォン・ブラン・ド・ヴォライユ …… 360g
フォン・ド・ヴォー …… 180g
コンソメ・ド・ブフ …… 180g
バター …… 50g（バターモンテ用）
ジュ・ド・トリュフ …… 40g
黒トリュフのみじん切り …… 適量

卵黄（溶き卵）…… 20g

mémo
パイ包みにナイフを入れると芳潤な香りに包まれる。黒トリュフのカリッとした食感とフォワグラの滑らかさのコントラストを楽しむ究極の贅沢。

作り方

黒トリュフのパイ包み
1 黒トリュフの表面の汚れはブラシなどを使い落とす。表面を薄く剥き、形を整える。
2 フォワグラで黒トリュフを包むようにラップで丸く形を整える。
3 パート・フィユタージュを約2mmに伸ばし、2のフォワグラと黒トリュフを空気が入らないように生地で包み込む。
4 表面に卵黄を薄く刷毛で塗り、230℃のコンベクションオーブンで約8分焼く。

ソース
1 鍋にシェリーを入れゆっくり煮詰め、フォン・ブラン・ド・ヴォライユを加えて、とろみが出るまで煮詰めていく。
2 フォン・ド・ヴォー、コンソメ・ブフを加えて半量程度になるくらいまで煮詰め、ジュ・ド・トリュフ、黒トリュフのみじん切りを加える。

仕上げと盛りつけ
1 仕上げにソースをバターでモンテし、艶とコクを加える。
2 皿にソースを流し、黒トリュフのパイ包みを盛りつける。

ホタテ貝のロティ
蜂蜜とトリュフの香りをつけた根菜のエチュベ
レフォールに灯をともして

Saint-Jacques rôtie sur un étuvé de racines au miel et jus de truffe
raifort pour mettre en lumière

材料（4人分）

ホタテ貝 …… 4個

レフォールのクリーム
生クリーム …… 80g
牛乳 …… 20g
レフォール …… 10g
塩 …… 適量

根菜のエチュベ
芽キャベツ …… 40g
紫しぐれ大根 …… 40g
紅くるり …… 40g
黄金かぶ …… 40g
ウズマキビーツ …… 40g
カザフ大根 …… 40g

バター …… 20g
トリュフ・オイル …… 10g
蜂蜜 …… 5g
AOC オリーブオイル …… 10g
水 …… 50g
ジュ・ド・トリュフ …… 10g
クーリ・ド・トリュフ …… 適量
イタリアンパセリ …… 適量
浅葱 …… 5g

飾り用
芽ネギ …… 5g
エディブルフラワー …… 1/2パック
紅くるり（ジュリエンヌ）…… 20g
黒トリュフ（ジュリエンヌ）…… 8g
AOC オリーブオイル …… 適量

---

mémo
表面はカリッと中はしっとりとした火入れ加減はホタテ貝の濃厚な甘みをより引き立たせる。ソースに効かせたレフォールの爽やかな辛みが全体を引き締める。

作り方

ホタテ貝
1 ホタテ貝に塩をふり、鉄板で表面に焼き色がつくように火を入れる。

レフォールのクリーム
1 生クリーム、牛乳、レフォール、塩を鍋に入れ火にかけ、バーミックスで泡にする。

根菜のエチュベ
1 芽キャベツの葉を1枚ずつにし、紫しぐれ大根、紅くるり、黄金かぶ、ウズマキビーツ、カザフ大根を小さめの乱切りにする。
2 1の野菜を鍋に入れ、バター、トリュフ・オイル、蜂蜜、AOCオリーブオイル、水を加えてエチュベし、仕上げにジュ・ド・トリュフ、クーリ・ド・トリュフ、イタリアンパセリ、浅葱（約3cmに切ったもの）を加え合わせる。

飾りの準備
1 紅くるりをジュリエンヌに切り、水でさらし、水気をよく切る。
2 1を芽ネギ、黒トリュフのジュリエンヌと合わせておく。

仕上げと盛りつけ
1 皿にトリュフの香りをつけた根菜のエチュベを盛りつけ、その上に焼いたホタテ貝をのせる。レフォールのクリームをまわりに流し入れる。
2 紅くるり、黒トリュフのジュリエンヌ、芽ネギを合わせたものにAOCオリーブオイルと塩をふりホタテの上にのせ、エディブルフラワーの花びらを飾る。

駿河湾産のアカザエビを半透明に仕上げて
生姜風味のブイヨンとマンゴー
バターナッツカボチャのラビオリと一緒に

Langoustine translucide dans son bouillon relevé au gingembre
mangue, raviole de butternuts

材料（30人分）

駿河湾産アカザエビ …… 30本

マンゴーピュレ
マンゴー …… 100g
AOCオリーブオイル …… 適量

バターナッツカボチャのラビオリ
バターナッツ …… 500g
バター …… 適量
水 …… 適量
ワンタンの皮 …… 30枚

酸味をつけたパールオニオン
パールオニオン …… 5個
グレナデンシロップ …… 7g
赤ワインビネガー …… 15g
水 …… 90g

生姜風味のブイヨン
フュメ・ド・ラングスティーヌ …… 1.5ℓ
生姜 …… 100g

飾り用
デトロイト …… 適量
エディブルフラワー …… 適量
AOCオリーブオイル …… 適量

---

mémo
ラングスティーヌのエキスが詰まったブイヨンを注ぐことでアカザエビの濃厚な食感に弾力が加わる。生姜の香りがアカザエビの甘みをより際立たせる。

作り方

アカザエビの下準備
1 アカザエビの殻を剥き、塩で下味をつける。ラップで剥き身を巻いて、形を整える。
2 85℃のスチームコンベクションに入れ、約1分30秒火入れをする。

バターナッツカボチャのラビオリ
1 バターナッツのピュレを作る。岩塩を敷き詰めたアルミ箔の上にバターナッツをのせて包み、200℃のオーブンで約1時間火を入れる。
2 バターナッツに火が入ったら、皮と種を取り除き適当な大きさに切りミキサーに入れ撹拌、中目のタミで裏漉す。鍋に移しバターを加え、火にかけて濃度を水で調節する。
3 バターナッツのラビオリを作る。ワンタンの皮にバターナッツピュレをのせ、皮を半分に折り挟む。セルクルを使い半月型になるように皮を抜く。
4 沸騰したお湯にラビオリを入れ、浮いてきたら取り上げ、水気をよく切っておく。

マンゴーピュレ
1 マンゴーを適当な大きさに切りミキサーで撹拌、中目で裏漉しする。
2 AOCオリーブオイルを少しずつ混ぜ合わせ、乳化させる。

生姜風味のブイヨン
1 鍋にフュメ・ド・ラングスティーヌを入れ、生姜のスライスを加えて香りをつける。

酸味をつけたパールオニオン
1 鍋にグレナデンシロップ、赤ワインビネガー、水を入れ沸かし3mmにスライスしたパールオニオンを加え、真空パックする。
2 真空調理器85℃で約10分、火を入れ、酸味と色を付ける。

仕上げと盛りつけ
1 火を入れたアカザエビ、茹でて水気を切ったバターナッツのラビオリを皿に盛りつけ、AOCオリーブオイルをふり中央をマンゴーピュレで飾る。
2 パールオニオン、アカザエビの卵、マンゴー（分量外）、デトロイト、エディブルフラワーでアカザエビを飾る。
3 温かい生姜風味のブイヨンをお客様の目の前で注ぎ入れ、生姜の香りを楽しんでいただく。

アカザエビのカルパッチョと雲丹
海藻と柔らかいジュレと一緒に
Carpaccio de langoustine et oursins, algues et gelée tendre

材料（10人分）

駿河湾産アカザエビ …… 12本

ラングスティーヌのジュレ
フュメ・ド・ラングスティーヌ …… 100g
ゼラチン …… 0.7枚
生姜 …… 適量

海藻クリーム
わかめ …… 90g
昆布 …… 60g
生クリーム …… 50g
牛乳 …… 50g
昆布の戻し汁 …… 200g

柚子ドレッシング
柚子の絞り汁 …… 30g
塩 …… 7g
白胡椒 …… 1g
AOCオリーブオイル …… 270g

飾り用
粒生こしょう …… 適量
フルール・ド・セル …… 適量
柚子 …… 適量
キャロットリーフ …… 適量
デトロイト …… 適量
シブレット …… 適量
雲丹 …… 50粒（1人前5粒）
アカザエビの卵 …… 適量
金箔 …… 適量
エディブルフラワー …… 適量

---

mémo
アカザエビの食感と濃厚なラングスティーヌのジュレとのハーモニー。雲丹のクリーミーさが加味され甘さと口溶けの良さが心地よい。

作り方

アカザエビの下準備
1 アカザエビを用意する。殻を剥き背わたを取り除く。適当な大きさに切り、直径4cmの筒に詰めて冷凍する。

ラングスティーヌのジュレ
1 鍋にフュメ・ド・ラングスティーヌを入れ、生姜を加えて香りをつける。
2 戻したゼラチンを入れ溶かし、ジュレ状の濃度にする。

海藻クリーム
1 水で戻したわかめ、昆布を鍋に入れ、牛乳、生クリーム、わかめと昆布の戻し汁で煮る。柔らかくなったら、ミキサーで撹拌し、中目のシノワで裏漉しする。

柚子ドレッシング
1 ボウルに柚子の絞り汁、塩・白胡椒を入れ混ぜ合わせる。AOCオリーブオイルを少量ずつ加えながら乳化させ混ぜ合わせる。

仕上げと盛りつけ
1 冷凍したアカザエビを筒から出し、厚さ約2mmにスライスする。皿に並べ、フルール・ド・セル、粒生こしょう、柚子ドレッシングを振り、ラングスティーヌのジュレをかける。
2 海藻クリームで縁取り、雲丹、アカザエビの卵、キャロットリーフ、デトロイト、シブレット、柚子の皮のジュリエンヌ・すりおろし、エディブルフラワー、金箔を飾る。

"棒付きキャンディー" つぶ貝とカレー風味
"Sucette" de coquille et curry

材料 (25人分)

あさりのムース
あさり汁 …… 150g
牛乳 …… 25g
ゼラチン …… 1.5枚

カレー粉 …… 適量
つぶ貝 …… 3個
あられ …… 適量

mémo
口溶けのよいあさりのムース、ほどよい歯ごたえのつぶ貝。海の香りにスパイシーなカレー粉とあられがアクセント。ひと口の中に様々な食感と香りが詰まった品。

作り方

つぶ貝の準備
1 つぶ貝を沸騰しない程度のお湯で火入れをする。茹であがったら、中身を取り出し内臓、唾液腺など取り除き、きれいに掃除する。ひと口で食べられるサイズにスライスする。

あさりのムース
1 鍋にあさり汁と牛乳を入れ、弱火で温め、戻したゼラチンを加え溶かす。
2 1を冷ましながらミキサーで回し、ムース状にする。

仕上げ
1 竹串に刺したつぶ貝にムースをつけ、カレー粉、あられをまぶす。

柚子を香らせた雲丹 イカ墨のガレット
Oursin

材料 (30人分)

雲丹 …… 30粒
柚子の皮 …… 適量

イカ墨のガレット
薄力粉 …… 45g
強力粉 …… 5g
イカ墨 …… 3g
グラニュー糖 …… 8g
湯 …… 180g
オリーブオイル …… 180g

mémo
カリカリとしたイカ墨のガレットと雲丹のとろけるような滑らかな食感が楽しい。口の中いっぱいに磯の香りが広がる。

作り方

イカ墨のガレット
1 薄力粉と強力粉を合わせてふるい、ボウルに入れグラニュー糖を加える。湯、オリーブオイル、イカ墨を入れ混ぜ合わせる。
2 180℃の鉄板に1の生地を円形に伸ばして焼く。熱いうちにとり、麺棒などに巻き付け丸みをつける。

仕上げと盛りつけ
1 イカ墨のガレットに雲丹をのせ、皿に盛りつける。仕上げにシズレにした柚子の皮をふる。

生姜のババロワにシャンパーニュ・ジュレ
verrine

材料（10人分）

生姜のババロワ
牛乳 …… 100g
生クリーム …… 100g
生姜 …… 10g
塩 …… 1g
グラニュー糖 …… 10g
ゼラチン …… 0.7枚

シャンパーニュ・ジュレ
シャンパーニュ …… 300g
ゼラチン …… 3枚

チュイル・ポワブル
薄力粉 …… 50g
グラニュー糖 …… 25g
卵白 …… 50g
無塩バター …… 50g
粒生こしょう …… 5g

飾り用
アーモンド（エクラゼ）…… 適量
ガンベローニ …… 適量

---

mémo
爽やかな生姜のババロワとシャンパーニュ・ジュレの上にパンチの効いたガンベローニを添えて少量でもインパクトのある一品。

作り方

生姜のババロワ
1 鍋に牛乳、生クリーム、グラニュー糖、塩を入れ、生姜を加えて温め香りを移す。
2 グラニュー糖が溶け生姜の香りがついたら、戻したゼラチンを入れ、溶かす。ボウルなどに移し冷やす。

シャンパーニュ・ジュレ
1 鍋にシャンパーニュを入れ弱火でゆっくりアルコールをとばし、戻したゼラチンを入れ溶かす。ボウルなどに移し冷やす。

チュイル・ポワブル
1 ボウルに卵白とグラニュー糖を入れ、滑らかになるまで混ぜ合わせる。ふるった薄力粉を加えよく混ぜ、ポマード状にしたバターと粒生こしょうを加えて合わせる。
2 天板に薄く油を塗り型に生地を流す。170℃のコンベクションオーブンで約7分焼く。

仕上げと盛りつけ
1 器に生姜のババロワを入れ、その上にシャンパーニュのジュレをのせる。火を入れカットしたガンベローニ、砕いたアーモンドを入れ、チュイル・ポワブルを飾る。

のどぐろを「ジュリアン デュマ氏直伝のレシピ蕎麦粉のガレット」で包んでトリュフクリームに絡ませた蕎麦 酢橘のシャンティイーと

Nodoguro en dentelle de sarrazin
soba à la truffe noire, chantilly sudachi
Merci Julien Dumas pour cette belle dentelle.

材料（10人分）

のどぐろ ……600g（おろした状態）

蕎麦粉のガレット
蕎麦粉 ……45g
強力粉 ……5g
グラニュー糖 ……8g
塩 ……3g
熱湯 ……180g
ブール・ノワゼット ……160g

トリュフクリームに絡ませた蕎麦
蕎麦（生）……300g
生クリーム ……150g
クーリ・ド・トリュフ ……10g
AOCオリーブオイル ……30g
塩 ……適量

蕎麦ゾット
蕎麦米 ……20g
フォン・ブラン・ド・ヴォライユ ……80g
たまねぎ（アシェ）……5g
白ワイン ……10g
生クリーム ……5g
塩 ……適量
水 ……適量

ソース
鶏と魚のジュ ……50g
バター ……5g
ブール・ノワゼット ……20g
塩 ……適量

酢橘クリーム
クレーム・ド・シャンティイー ……10g
酢橘コンフィのピュレ ……10g
酢橘の皮（すりおろし）……適量
フルール・ド・セル ……適量

飾り用
蕎麦米フリット（澄ましバターで揚げたもの）…10g
酢橘の皮（すりおろし）……1/2個分
デトロイト ……10枚
蕎麦茶 ……2g

mémo
香ばしくサクサクとした蕎麦粉のガレットとのどぐろの甘い脂の味わいに驚かされる。ほんのり香る酢橘のクリームを添えることで穏やかな酸味が広がる。

作り方

のどぐろの下準備と調理
1 のどぐろの鱗を引き、内臓を取り除く。頭を落とし3枚におろす。岩塩で15分マリネし、流水に15分さらす。
2 水気を取り、皮を引く。フィレの長い面で切り身にする。
3 一切れずつラップに包み、調理する直前に常温に戻す。

蕎麦粉のガレット生地
1 蕎麦粉と強力粉をふるう。
2 ボウルにふるった粉、グラニュー糖、塩を入れ、ブール・ノワゼット、熱湯を混ぜ合わせて生地をつくり、休ませておく。

トリュフクリームに絡ませた蕎麦
1 トリュフクリームを作る。蕎麦以外の材料を鍋に入れ、沸かす。（ソース用に少量トリュフクリームを分けておく。）
2 蕎麦を30秒程度茹でて水で洗い、水気をよく切り、トリュフクリームと和える。

蕎麦ゾット
1 鍋にたまねぎのアシェを入れ弱火でバターで炒め、蕎麦米を加えて更に火を通す。
2 白ワインを入れ、デグラッセし旨味をこそげ取り煮詰め、フォン・ブラン・ド・ヴォライユと水を加え蕎麦米に少し芯が残る程度（リゾットのよう）に火を入れていく。仕上げに生クリームを少量加える。

酢橘のクリーム
1 9分立てしたクレーム・ド・シャンティイーに酢橘のピュレ、酢橘の皮、フルール・ド・セルを泡がつぶれないように混ぜ合わせる。

ソース
1 鶏と魚のジュを温め、バター、ブール・ノワゼットでモンテする。

仕上げと盛りつけ
1 鉄板に蕎麦粉のガレット生地を伸ばし両面を焼き、その上にのどぐろのフィレをのせて焼く。のどぐろに火が通ったら皿に盛りつけ酢橘クリームとデトロイトを添える。
2 クーリ・ド・トリュフを和えた蕎麦をフルシェットに巻き形を整え、蕎麦ゾット、蕎麦米フリット、蕎麦茶、酢橘の皮で飾り、ソースをかける。

フォワグラのロワイヤルに バターナッツカボチャのヴルテ クルスティヤントにしたカカオとトンカ豆

Royale de foie gras et velouté de butternuts, croustillant cacao et tonka

材料（10人分）

フォワグラのフラン
- フォワグラのコンフィ……200g
- 全卵……2個
- 牛乳……100g
- 生クリーム……100g

バターナッツカボチャのヴルテ
- バターナッツ……1個
- 牛乳……200g
- 生クリーム……100g
- バター……適量

クルスティヤントにしたカカオ
- 薄力粉……50g
- カカオ（粉末）……50g
- ブール・ノワゼット……30g
- 湯……10g
- カカオニブ（フレーク）……10g

飾り用
- フォワグラ……300g
- 赤たまねぎ……1/2個
- シェリービネガー……適量
- 赤ワインビネガー……適量
- レモンの皮……適量
- エディブルフラワー……適量
- トンカ豆……適量
- ミニオゼイユ……適量

---

mémo

フォワグラのフランにも負けない濃厚なバターナッツのヴルテ。杏仁ともシナモンともいわれるトンカ豆の甘くスパイシーな香りをアクセントに。

作り方

フォワグラのフラン
1. フォワグラのコンフィを裏漉し、全卵、牛乳、生クリームと合わせシノワで漉す。
2. 器に入れ、85℃のスチームコンベクションで火を入れる。

バターナッツカボチャのヴルテ
1. 天板にアルミ泊、岩塩を敷いた上にバターナッツをのせ、220℃のオーブンでロティし、中身を取り出し、裏漉しする。
2. 牛乳、生クリーム、バターとロティしたバターナッツの中身をバーミックスで撹拌し、濃度の濃いピュレにする。

クルスティヤントにしたカカオ
1. 薄力粉、カカオ（粉末）をボウルに入れ、ブール・ノワゼットと湯を加えて混ぜ合わせて生地をつくる。
2. 鉄板に丸く生地を延ばし、カカオニブをふり、焼く。

飾りの準備
1. フォワグラをフライパンでソテし表面に焼き色をつける。約2cm角に切り分ける。
2. シェリービネガーと赤ワインビネガーを合わせ、細切りにした赤たまねぎをマリネして酸味をつける。

仕上げ
1. フォワグラのフランの上にトンカ豆のラペをふり、バターナッツのヴルテを入れる。
2. ソテしたフォワグラ、マリネした赤たまねぎ、ミニオゼイユ、レモンの皮、エディブルフラワーを飾る。
3. トンカ豆の粉末を振り、クルスティヤントにしたカカオを飾る。

仔鳩のバロティーヌ仕立て
フォワグラと葱と共に
トリュフ風味のジュで

Pigeonneau en ballottine au foie gras et negi, jus à la truffe

材料（10人分）

仔鳩……5羽

ファルス・ムースリーヌ
鶏の胸肉（裏漉したもの）……200g
卵白……1個
生クリーム……150g
塩……4g
マッシュルームのデュクセル……50g

バロティーヌ
フォワグラのコンフィ（エスカロップ）……200g
黒トリュフ……50g
ラルドスタジオナート……50g
ポワロー……5本

仔鳩のパテ
仔鳩（皮を取り除いた肉）……200g
豚のゴルジュ……100g
フォワグラ……60g
ラルドスタジオナート……60g
全卵……1個
エシャロット（シズレ）……30g
パセリ（アシェ）……適量
ブリオッシュ……30g
牛乳……50g
塩……適量
胡椒……適量
コニャック……適量

ソース
ジュ・ド・ピジョン（P312参照）……3.6ℓ
トリュフのタプナード……10g
バター……適量
ブール・ノワゼット……適量
ポワローのピュレ（P312参照）……適量

飾り用
ポワロー……3本
シブレット……10本
蜂蜜ビネガー……10g
イカ墨パン……300g

---

mémo
柔らかく上質な仔鳩の赤身肉の滋味深い味わいにトリュフとラルドスタジオナートの贅沢な香りとコクが加わる。ソースの上品かつ濃厚な力強さが際立つ。

作り方

仔鳩の下準備
1 仔鳩をアビエし、皮を取り除いたササミ付きの胸肉と腿肉、心臓、レバーに取り分ける。

デュクセルを加えたファルス・ムースリーヌ
1 裏漉した鶏胸肉、卵白、生クリームをミキサーで撹拌し、マッシュルームのデュクセルを合わせる。

バロティーヌ
1 皮を取除いたササミ付きの胸肉に塩、胡椒をする。
2 胸肉の長さにフォワグラのコンフィを切り、胸肉と共にラップで円柱状に成形する。
3 ポワローを茹で、水気をよく切る。ラップの上にポワローを1枚敷き、ファルス・ムースリーヌをぬり同じ大きさのバトネにしたラルドスタジオナートとトリュフを交互に並べる。更にその上にムースをぬり、円柱状にしたフォワグラと胸肉をしっかり巻く。
4 85℃のスチームコンベクションで10分ヴァプールし、62℃の湯煎で芯温54℃まで火入れする。

仔鳩の腿肉のパテ
1 仔鳩の腿肉、豚のゴルジュ、フォワグラ、ラルドスタジオナートを適当な大きさに切り、全卵、エシャロット、パセリ、ブリオッシュ、牛乳、塩、胡椒、コニャック、ソテーした心臓・レバーと共に白ワインを加えて一晩マリネする。
2 マリネした食材をミンサーで挽き、ラップで円柱状に成形し、ヴァプールする。

ソース
1 ジュ・ド・ピジョンを鍋に入れトリュフのタプナードを加え、一煮立ちさせ、バターでモンテし、ブール・ノワゼットを加える。

仕上げと盛りつけ
1 沸かさないようにゆっくり煮詰めた蜂蜜ビネガーで皿に線を描き、茹でたポワローの輪切りを置く。ヴァプールしたパテを小さな円柱状になるように切り、フードプロセッサーで細かく粉砕したイカ墨パンをまぶして茹でたポワローの上にのせる。シブレットを飾る。
2 ソースを皿に流し、その上にポワローのピュレ、輪切りにしたバロティーヌをのせる。

豪華に仕上げた薩摩シャモのファルシ フォワグラを加えたバスマチ米の ピラフと黒トリュフ

Volaille richement farcie, riz basmati au foie gras et truffes

材料（12人分）

薩摩シャモ……1羽

バロティーヌ
豚のゴルジュ……30g
全卵……1個
フォワグラ（エスカロップ）……50g
鶏レバー……30g
マッシュルーム……30g
イタリアンパセリ……5g
塩……適量
胡椒……適量
生クリーム……30g
ブリオッシュ……10g
ラルドスタジオナート……15g
黒トリュフ（フレッシュ）……15g
ジュ・ド・トリュフ……12g

ピラフ
バスマチ米……100g
たまねぎ……5g
バター……4g
フォン・ブラン・ド・ヴォライユ……100g
水……50g
フォワグラ（エスカロップ）……100g
塩……適量
ブーケガルニ……1本

ソース
フォン・ブラン・ド・ヴォライユ……40g
生クリーム……10g
ブール・ド・トリュフ……75g
バター……50g
ジュ・ド・トリュフ……25g

mémo
フォワグラやトリュフの贅沢で個性的な味わいと、薩摩シャモの程よい食感としっかりした肉の風味と相性がいい。クラシックなバロティーヌは誰からも愛される。

作り方

薩摩シャモの下準備
1 薩摩シャモをおろし胸肉を準備する。（残りは他の料理で使う）脂身や筋を取り除き均一の厚さになるように薄く開く。

バロティーヌ
1 ファルスを作る。豚のゴルジュ、フォワグラ、鶏レバー、ラルドスタジオナート、マッシュルーム、ブリオッシュ、イタリアンパセリをフードプロセッサーにかける。全卵、生クリームを加え更に撹拌し、塩、胡椒で味を調える。
2 ファルスをラップで棒状に包み、70℃のスチームコンベクションで1時間火を入れる。
3 2のファルスのラップを取り除き薄く開いた薩摩シャモの胸肉の上に置き、円筒型になるようにラップで巻く。62℃のスーヴィークッカーで芯温54℃で火を入れる。

ピラフ
1 鍋に半量のバターを入れてたまねぎをシュエし、バスマチ米を加えて更に火を通していく。
2 バスマチ米の表面がバターで覆われたらフォン・ブラン・ド・ヴォライユ、水、塩、ブーケガルニを入れる。沸騰したら蓋をして、コンベクションオーブンに入れる。炊きあがったら残りのバターを加えバスマチ米にコクと艶を加える。
3 フォワグラを小さなサイコロ状に切り、フライパンで火を入れ表面に焼き色をつけ、炊いたバスマチ米と合わせる。

ソース
1 鍋にフォン・ブラン・ド・ヴォライユ、ジュ・ド・トリュフ、生クリームを入れて火にかけ、ブール・ド・トリュフ、バターを加える。
2 ソースに濃度がついたら、バーミックスで撹拌し空気を含ませる。

仕上げと盛りつけ
1 お皿の中央にセルクルを使いバスマチ米のピラフを盛りつける。
2 バロティーヌは輪切りにし、バスマチ米のピラフの上にのせる。
3 ソースをバロティーヌの上からかけ、黒トリュフのスライスをふりかける。

願いを込めて軽く仕上げたタルト・ショコラ 生姜風味 カカオと紫蘇のソルベを添えて
Tarte chocolat au gingembre légère à souhait, sorbet cacao et shiso

材料（作りやすい分量）

パート・サブレカフェ（20人分）
- 薄力粉 …… 300g
- 強力粉 …… 300g
- 無塩バター …… 560g
- アーモンドパウダー …… 100g
- パウダーシュガー …… 240g
- 卵黄（ボイルしたもの） …… 160g
- コーヒーエッセンス …… 4g
- フルール・ド・セル …… 4つまみ
- ベーキングパウダー …… 3.2g

ガナッシェ・ジャンジャンブル
- クーベルチュール カカオ70% …… 200g
- 生クリーム35% …… 200g
- 生姜のすりおろし …… 48g
- 生姜の細かく刻んだもの …… 32g

サバヨン・ショコラ（5人分）
- 全卵 …… 1個
- 卵黄 …… 2個
- グラニュー糖 …… 40g
- 生クリーム35% …… 100g
- クーベルチュール カカオ70% …… 75g

カカオと紫蘇のソルベ（35人分）
- 牛乳 …… 700g
- 脱脂粉乳 …… 20g
- 紫蘇 …… 24g
- グラニュー糖 …… 200g
- カカオパウダー …… 50g
- パート・ド・カカオ …… 40g

飾り
- 花穂紫蘇 …… 適量
- 生姜の砂糖煮 …… 適量
- ショコラ …… 適量
- カカオ・パウダー …… 適量

---

mémo
軽く仕上げたチョコレート生地にガナッシュから香る生姜の余韻が心地良い。一見ミスマッチにも思えるカカオと紫蘇のソルベの凛とした清清しさが印象的。

作り方

パート・サブレカフェ
1. ゆで卵を作り卵黄だけ取り出し細かくパッセする。
2. 全ての材料を合わせミキサーでひとまとめにする。
3. ひとまとめにして一晩寝かす。
4. 生地を2mmに伸ばし8cmのセルクルで抜く。170℃のコンベクションオーブンで約9分焼く。

ガナッシェ・ジャンジャンブル
1. 鍋に生クリーム35%、生姜の刻んだ物を入れて沸かす。
2. 裏漉しし、クーベルチュール カカオ70%と合わせて乳化させる。
3. すりおろした生姜を加える。

サバヨン・ショコラ
1. タルト・ショコラを作る。セルクルに薄く油を塗る。
2. 焼成したサブレを天板にのせ、ガナッシェ・ジャンジャンブルを塗り、セルクルをはめる。
3. 全卵、卵黄とグラニュー糖を併せて湯煎で軽く温め、ミキサーで泡立てる。
4. 生クリーム35%を沸かしクーベルチュール カカオ70%と合わせガナッシュを作る。
5. 泡立てたものをガナッシェと合わせ、2のセルクルに流し入れ160℃のコンベクションオーブンで約6分30秒焼く。

カカオと紫蘇のソルベ
1. 鍋に牛乳、紫蘇を入れて沸かす。
2. 1を裏漉しする。残りの材料を合わせる。
3. パコジェット用ビーカーに入れ冷凍し、シャーベットにする。

仕上げ
1. 皿にカカオパウダーをふりデコレーションする。温めたタルト・ショコラをのせて、カカオのソルベを添える。生姜の砂糖煮と花穂紫蘇とショコラで飾る。

IMPERIAL HOTEL restaurant français

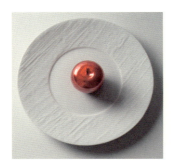

一つの林檎
Une Pomme

材料（作りやすい分量）

カルバドス風味のエスプーマ
生クリーム35%……270g
牛乳……150g
グラニュー糖……50g
ゼラチン……4g
カルバドス……50g

林檎のソルベ
林檎ジュース……500g
水……400g
グラニュー糖……175g
安定剤……2g
ブドウ糖……15g
林檎（紅玉）……2個

バニラのクリーム
（52cm×32cm×2cm　ホテルパン使用）
生クリーム……1ℓ
牛乳……600ml
グラニュー糖……300g
卵黄……400g
寒天……25g
バニラスティック……2本

アーモンドのビスキュイ
（53cm×32cm鉄板1枚分）
全卵……100g
アーモンドパウダー……72g
粉糖……60g
薄力粉……10g
強力粉……10g
バター……18g
卵白……142g
グラニュー糖……34g

林檎のソテ
林檎……1個
グラニュー糖……25g
バター……10g
カルバトス……20ml

---

mémo
飴細工で作られた林檎の美しさに魅せられる。中に詰められた林檎の酸味とクリームの甘み、飴細工やグラニテのカリカリした食感と滑らかにとろけるクリーム、2つのコントラストが楽しめる。

作り方

カルバドス風味のエスプーマ
1　生クリーム35%、牛乳、グラニュー糖を沸かし、戻したゼラチンを加える。
2　裏漉し、冷却しリキュールを加える。
3　エスプーマボトルに入れ、ガスを充填し冷凍庫で保存する。

林檎のソルベ
1　水、グラニュー糖、ブドウ糖、安定剤を沸かし、シロップを作る。
2　冷却後、林檎ジュースと、芯をくり抜いた林檎を皮付きのままカットしたものをジューサーにかける。
3　パコジェット用ビーカーに入れ冷凍する。

バニラのクリーム
1　全ての材料を加えてアングレーズにしてホテルパンに流し冷凍する。
2　固まったものの上面にクレーム・シャンティーを薄く塗り、ビスキュイを張り付ける。
3　ホテルパンから剥がし、3cmの丸抜き型で抜いて保存する。

アーモンドのビスキュイ
1　全卵をミキサーにかけ、アーモンドパウダーと粉糖を合わせてふるったものを加え、白っぽくなるまで泡立てる。ふるった薄力粉と強力粉と溶かしバターを加え、卵白にグラニュー糖を加えメレンゲにして合わせる。
2　1を天板に流し、200℃のコンベクションオーブンで約8分焼く。焼き上がったら直径3cmの抜き型で抜いておく。

林檎のソテ
1　バターとグラニュー糖をフライパンに入れて溶かして角切りにした林檎を加えソテし、カルバトスでフランベする。
2　室温で保存する。

仕上げ
1　林檎に見立てた飴を作り、底を抜く。
2　飴の中にエスプーマを絞り、丸く抜いたバニラクリームで蓋をする。
3　皿の中央にバニラクリームを下にして盛り、飴で作ったヘタで仕上げる。

フロマージュブランのコンポジション フランボワーズ 柚子とレモンのソルベ

Composition de fromage blanc, framboises et sorbet citron / yuzu

材料（作りやすい分量）

フロマージュブランのクリーム（40人分）
フロマージュブラン……250g
サワークリーム……125g
クリーム・モンテ（35％）……560g
イタリアン・メレンゲ……100g
レモンの皮のすりおろし……1個
牛乳……178g

イタリアン・メレンゲ
卵白……100g
グラニュー糖……30g
水……34g
グラニュー糖……117g

フランボワーズのコンフィチュール
フランボワーズ（冷凍）……500g
フランボワーズ……150g
ペクチン……10g
砂糖……10g

柚子のメレンゲ
卵白……120g
色素（黄色）……適量
グラニュー糖……108g
ビタミンC……4.5g
パウダーシュガー……108g
柚子の皮のすりおろし……適量

レモンのソルベ
レモン果汁……1.1ℓ
グラニュー糖……300g
水……775g
転化糖…110g　安定剤…9g

レモンのジュレ
水……330g
グラニュー糖……50g
ゼラチン（板）……4.5g
レモン果汁……30g
レモンの皮のすりおろし……1個

レモンのコンフィチュール
レモンの皮……220g
レモン果汁……240g
グラニュー糖……150g

---

mémo
レモン、柚子、フランボワーズが持つ食材自体の酸味の調和、フロマージュブランとジュレの程よい甘さとのバランスは味覚に好印象を残す。

作り方

フロマージュブランのクリーム
1 ボウルにフロマージュブランとサワークリームを入れて合わせ、レモンの皮をすりおろして加える。クリーム・モンテとイタリアン・メレンゲを加えて混ぜ合わせる。最後に牛乳を加え固さを調節する。

イタリアン・メレンゲ
1 グラニュー糖117gと水を鍋に入れ、120℃にしたシロップを作る。ミキサーに卵白と30gのグラニュー糖を入れてしっかり泡立て、シロップを加えながら更に混ぜ合わせる。

フランボワーズのコンフィチュール
1 鍋に冷凍フランボワーズ、フレッシュなフランボワーズを入れ火にかけ、水分が出て沸騰したら、グラニュー糖とペクチンを混ぜ合わせたものを加えて、濃度をつける。

柚子のメレンゲ
1 ミキサーに卵白を入れ、泡立てながらグラニュー糖とビタミンCを混ぜ合わせた物を少しずつ加え、メレンゲに仕立てる。色素を加え、ミキサーから外してパウダーシュガーを入れゴムヘラで合わせる。丸口金で天板に絞り、上からすりおろした柚子の皮を振る。85℃のコンベクションオーブンで約2時間乾燥焼きする。

レモンのソルベ
1 鍋にレモン果汁以外を入れ、沸騰させる。冷却後、レモン果汁を加えパコジェットでソルベにする。

レモンのジュレ
1 鍋に水、グラニュー糖、レモン果汁と皮を加え沸騰させる。冷水で戻したゼラチンを加えて溶かし、シノワで裏漉し、冷やし固める。

レモンのコンフィチュール
1 ピーラーでレモンの皮を剥き3回ブランシールする。（1回目のみ塩を少量加える）
2 鍋に入れ、レモン果汁とグラニュー糖を加え煮詰める。冷却後、フードプロセッサーで細かくする。

仕上げと盛りつけ
1 皿にフランボワーズのコンフィチュールを絞り、その上にフロマージュブランのクリームを流し入れる。レモンのコンフィチュールを3カ所絞り、レモンのジュレ、小さなクネルにしたレモンのソルベも同様に3カ所ずつ盛りつける。柚子の皮のジュリエンヌとフレッシュなフランボワーズ、柚子のメレンゲを飾る。サービス直前に柚子の皮のすりおろしをふる。

Recettes de base
ベーシック・レシピ

フォン・ブラン・ド・ヴォライユ
fond blanc de volaille

材料（仕上がり約19ℓ）

鶏ガラ …… 6kg
ひね鶏 …… 1羽
たまねぎ …… 2個
にんじん …… 2本
セロリ（葉つき）…… 0.5本
にんにく（皮付き）…… 1.5株分
ポワロー（青い部分）…… 1.5本分
クローブ …… 1.5個
焦がしたまねぎ …… 1.5個分
ブーケ・ガルニ …… 0.5本
水 …… 適量

フォン・ド・ヴォー
fond de veau

材料（仕上がり約5ℓ）

仔牛の骨 …… 10kg
にんにく …… 100g
たまねぎ …… 1.5kg
にんじん …… 1kg
セロリ …… 3本
ポワロー（青い部分）…… 1本分
トマト …… 3個
トマトペースト …… 200g
水 …… 適量

コンソメ・ド・ブフ
consommé de bœuf

材料（作りやすい分量）

牛の尾肉 …… 3kg
牛の骨 …… 3kg
牛のスジ肉 …… 2kg
にんにく …… 2株
たまねぎ …… 1 1/2個
セロリ …… 4本
にんじん …… 2本
ポワロー …… 1本分
トマト …… 2個
赤ワイン …… 4本

フュメ・ド・ポワソン
fumet de poisson

材料（作りやすい分量）

舌平目または平目のガラ …… 3kg
マッシュルーム …… 100g
エシャロット …… 60g
にんにく …… 1片
ポワロー …… 100g
白ワイン …… 250g
水 …… 適量

フュメ・ド・ラングスティーヌ
fumet de langoustine

材料（作りやすい分量）

ラングスティーヌの頭 …… 4kg
にんじん …… 400g
たまねぎ …… 300g
フヌイユ …… 300g
ブランデー …… 180g
白ワイン …… 480g
トマト …… 400g
トマトペースト …… 140g
にんにく …… 1株
水 …… 8kg

ジュ・ド・ポワソン＆ジュ・ド・プーレ
jus de poisson & jus de poulet

材料（作りやすい分量）

魚のガラ …… 4kg
バター …… 適量
フォン・ブラン・ド・ヴォライユ …… 8kg

autres recettes
その他のレシピ

トマトコンソメ（→P270）

材料（仕上がり2ℓ）：トマト3kg、セロリ・エシャロット各30g、フヌイユ50g、にんにく6g、塩10g、砂糖2g、タバスコ3滴、タイム・バジル・エストラゴン各適量

ジュ・ド・アニョ（→P279）

材料（仕上がり3.6ℓ）：仔羊の骨10kg、にんにく2株、タイム7g、水適量

ヴィネグレット・ド・トリュフ（→P280）

材料（作りやすい分量）：全卵・卵黄各1個、シェリービネガー10g、塩5g、白胡椒1g、ジュ・ド・トリュフ5g、タプナード・トリュフ5g、AOCオリーブオイル100g、トリュフ・オイル50g

エストラゴンのクレーム・フェッテ（→P274）

材料（作りやすい分量）：生クリーム100g、イタリアンパセリのピュレ10g、エストラゴン3本、フルール・ド・セル2g
作り方：ボウルに生クリームを泡立て、イタリアンパセリの葉のピュレ、エストラゴンのアシェ、フルール・ド・セルを加え、合わせる。

赤たまねぎのキャラメリゼ（→P274）

材料（作りやすい分量）：赤たまねぎ1個、赤ワインビネガー30g、赤ワイン100g、バター・砂糖・塩各適量
作り方：1.赤たまねぎをくし形にカットし、軽く塩・砂糖を振り、鍋にバターを入れ、じっくり火を入れキャラメリゼさせる。2.余分な油を除き、赤ワインビネガーでデグラッセし、水分を飛ばし、赤ワインを加えて絡めて仕上げる。

蕎麦ゾット（→P279）

材料（作りやすい分量）：蕎麦米60g、たまねぎ・トリュフ・ピュレ各5g、フォン・ブラン・ド・ヴォライユ360g、白ワイン・生クリーム・オリーブオイル各10g
作り方：1.鍋にバター（分量外）を入れ熱し、たまねぎのアシェを入れ弱火で炒め、蕎麦米を加えて火を通す。2.白ワインを入れ、デグラッセし旨味をこそげ取り煮詰め、フォン・ブラン・ド・ヴォライユを加え蕎麦米に少し芯が残る程度（リゾットのように）に火を入れていく。仕上げにトリュフのピュレと生クリームを加えて味を整える。

鹿のソース（→P293）

フォン・ド・シュヴルイユ材料（作りやすい分量）：鹿骨・鹿筋各5kg、たまねぎ1.2kg、にんじん1kg、セロリ0.8kg、ねずの実（ジュニパーベリー）40粒、黒胡椒50粒、タイム5枝、ローリエ5枚
鹿ソースのベース材料（作りやすい分量）：にんじん（5mm角）1.5kg、エシャロット（5mm角）1.5kg、マッシュルーム（1cm角）0.8kg、ブランデー450g、赤ワインビネガー3ℓ、ローリエ5枚、タイム5枝、赤ワイン1.1ℓ、フォン・ド・シュヴルイユ　詰めたもの4ℓ

ジュ・ド・ピジョン（→P284,306）

材料（仕上がり2ℓ）：鳩のガラ35羽分、バター450g、赤ワイン2本、水適量

栗のグラッセ（→P292）

材料（1人前）：栗1個、コンソメ・ブフ15g、ドランブイリキュール15g、バター5g
作り方：皮を剥いた栗をドランブイリキュールでアルコールを飛ばしながら火入れし、コンソメ・ブフを加えて更に火入れする。仕上げにバターでグラッセにする。

ポワローのピュレ（→P306）

材料（作りやすい分量）：ポワローの葉の部分200g、エシャロット20g、生クリーム50g、ドライ・ベルモット10g
作り方：1.ポワローの緑の葉の部分を茹で、水気をよく絞る。（水気が残るとピュレが水っぽくなるので注意）2.薄切りにしたエシャロットをバター（分量外）でシュエし、ドライ・ベルモットでデグラッセする。生クリーム、ポワローを加えて、煮込み、ミキサーで撹拌、裏漉しする。

取材協力

Domaine Les Crayères
Hervé Fort
Philippe Mille

VRANKEN POMMERY
Paul-François Vranken

Deutz
Fabrice Rosset

Gérard Boyer

Jean-Paul Philippot

François Laluc（Chèvres d'Argonne）

参考文献

「新ラルース料理大事典　第1巻～第4巻」辻調理師専門学校 辻静雄料理研究所翻訳　同朋社
「フランス料理新百科事典1～5」小野正吉監修　同朋社出版
「フランス食の事典」日仏料理協会編　白水社
「料理食材大事典」主婦の友社編　主婦の友社
「フランス料理ハンドブック」辻調グループ 辻静雄料理教育研究所著　柴田書店
「日本の家畜・家禽」秋篠宮文仁・小宮輝之監修・著　学習研究社
「別冊日経サイエンス　食の探求」日経サイエンス編集部編　日本経済新聞出版社
「地域食材大百科 第2巻～第5巻、第9巻、第11巻、第15巻」農山漁村文化協会編　農山漁村文化協会
「食材図典-Food's food-2」「食材図典-Food's food-3（地産食材編）」「食材図典-Food's food-生鮮食材編　新版」小学館
「食材魚貝大百科　第1巻～第4巻」平凡社
「農林水産省統計表　第89次（平成25年～26年）」農林水産大臣官房統計編　農林統計協会
「チョコレートの歴史」ソフィー・D.コウ、マイケル・D.コウ著　樋口幸子訳　河出書房新社
「地下生菌識別図鑑　－日本のトリュフ。地下で進化したキノコの仲間たち－」佐々木廣海、木下晃彦、奈良一秀著　誠文堂新光社
「料理人のためのジビエガイド上手な選び方と加工・料理―」神谷英生著　柴田書店
「野菜園芸大百科　6」農文協編　農山漁村文化協会
「デュマの大料理事典」アレクサンドル・デュマ著　辻静雄・林田遼助右・坂東三郎編訳　岩波書店
「美味礼賛 上・下」ブリア・サヴァラン著　関根秀雄、戸部松美訳　岩波書店
「イタリアの地方料理 北から南まで　20州280品の料理」柴田書店編　柴田書店
「一〇〇の素材と日本料理〈上巻〉魚・珍味、〈下巻〉野菜・肉篇」柴田書店編　柴田書店
The Oxford companion to Italian food / Gilian Rily Oxford University Press. 2007

「シェフ?!」「はい」「料理本を作ってみたら」
私の直属のシェフであり、私の友人でもある海老名シェフは、そうなるとは知らずに息の長い仕事に着手しました。

　本を作ることは私が料理人としてのキャリアを始めたころお世話になったすべての方々へ感謝の気持ちを伝える素晴らしい手段であると気付きました。もちろん私の傍で、また離れたところで共に働いてくれているすべての人への感謝も含めて。

「自分には誰も必要ない」。そのようなことを言う人が時々いますが、なんと悲しく残念なことだと思います。料理人の道は出会いによって作られるもの。私たち一人ひとりが新しい視点、異なるアイデア、絆を持ち寄り、それが導火線となって未来へと導いてくれる、私はそう思います。

　私が出会ったすべての方々、私という人間を形作って下さり、私の自己実現を可能にして下さった方々にお礼を申し上げたいのです。

（略）

　そしていつも「レ セゾン」にご来店くださるお客様、皆様がいらっしゃらなければ、私たちのレストランは存在しません。私たちが日々前進できるのはお客様のおかげです。私はお客様の視点、優しさ、思いやり、寛大さに感謝しております。そして、決して得意ではないであろう仔牛のロニョン（腎臓）まで味わってみたいと望まれる、日本のお客様の好奇心が大好きです。

（略）

　さいごに、共に働く「レ セゾン」のスタッフ、帝国ホテルのすべての従業員、そしてこの本を出版するにあたりお手伝いいただいた皆様に「ありがとう」と伝えたいです。

ティエリー・ヴォワザン

フランス、トゥールに生まれる。15歳で料理人のキャリアをスタートする。「シャトー ダルティニ」「ジャンポール デュ ケノワ」を経て、フランスを代表するシャトーレストラン「ボワイエ レ クレイエール」（現「レ クレイエール」）にて1989年よりスーシェフ、1995年よりシェフを勤め、9年間ミシュランの3つ星を守り続ける。2005年帝国ホテル 東京 メインダイニング「レ セゾン」のシェフに就任。2011年「農事功労賞シュヴァリエ」受賞、2014年には「農事功労賞オフィシェ」受賞。

Chef ?!
Oui
Et si on faisait un livre de cuisine?
Sans le savoir, Ebina san mon premier chef, et aussi mon ami, venait de sceller la première pierre d'un travail de longue haleine.
Faire un livre, c'est bien la dernière chose à laquelle j'avais pensé.
Et puis finalement, j'ai compris que ce serait un formidable moyen de remercier tous ceux qui m'ont accompagné durant mes premières années de vie professionnelle. Ceux aussi qui travaillent de près ou de loin avec moi.
J'entends parfois certains me dire:"je n'ai besoin de personne". Quelle tristesse et désolation de penser ainsi: une carrière se construit au gré des rencontres. Chacun nous apportant une vision supplémentaire, une idée différente, un ciment; celui-là même qui nous donnera une ligne conductrice et salvatrice pour l'avenir.
Voici donc toutes ces personnes que j'ai rencontrées. Qui m'ont fait.
Elles m'ont permis de me réaliser. Certaines de ces rencontres ont été déterminantes.
Au commencement, remercier Hermine, Bernadette et Serge ...de m'avoir éduqué ainsi, de m'avoir transmis les codes pour pouvoir vivre en harmonie dans la société actuelle.
Remercier Christèle, Alexis et Victor de m'avoir toujours suivi, et soutenu de manière indéfectible.
Remercier les différents chefs qui m'ont forgé: Michel Bisson, Michel Baron, mes maîtres d'apprentissage, Francis Maignaut mon chef d'Artigny ...Ah je n'étais pas le plus
facile à gérer ! Mais j'y mettais tout mon coeur.
Je pense aussi à Jean-Paul Duquesnoy, avec qui j'ai travaillé un an, un très grand chef. C'est lui qui m'a permis de rencontrer la personne qui allait devenir prépondérante pour mon avenir:
Gérard Boyer.
Gérard est non seulement un grand chef, mais bien plus que cela ...Un homme qui m'a pris sous sa coupe, pour ne jamais m'abandonner. Il a toujours été à mes cotés , dans les meilleurs moments ...et là vous vous attendez à ce que je rajoute les pires ...mais justement il n'y a jamais eu de pire à ses cotés . Rigueur, travail acharné, élégance, honneur voila ce que j'ai aussi appris avec lui. Un humanisme incroyable, une vraie école de la vie. J'avais mis le doigt dans un engrenage dont je ne soupçonnais aucunement les bienfaits.
Après 16 années de bonheur aux Crayères à Reims, direction le Japon, Tokyo plus précisément.
Un jour, ma femme au détour d'une conversation m'avait dit, si un jour on a l'occasion de travailler à l'étranger, où tu veux sauf au Japon!! Et bien c'est justement cette destination là qui m'a tout de suite plu ...Le projet tout d'abord, l'Impérial Hotel. C'est un monument de l'hôtellerie dans le monde. Un hôtel unique, mythique. C'est là que je décidais de continuer mon voyage et ma formation.
Les hommes maintenant. Le président Kobayashi et le grand chef Tanaka, finalement indissociables l'un de l'autre, ce sont eux qui ont voulu embaucher un chef Français, je leur dois tout. Tanaka san a pris le relais de Gérard ...Il m'a aidé. Il m'a aimé comme un fils, je lui en suis éternellement reconnaissant. Tous les deux m'ont donné la possibilité de mille possibilités. Ensuite vint notre nouveau président, Sadayasu san. C'est lui qui incarne à présent le futur de notre honorable maison, j'ai une confiance aveugle en lui, car il est brillant et je sais que l'Impérial peut compter sur ses qualités professionnelles et humaines.
Remercier Alain Passard pour son message, tellement adorable, sa gentillesse, mais aussi pour incarner un certain idéal et une façon de cuisiner différente ...Lui, c'est un visionnaire, et un homme au plus près de son équipe.
Bruno Ménard ...mon Nono. Avec Bruno, c'est une longue histoire car on se connaît depuis 35 ans puisque nous étions ensemble à Artigny, puis nous nous sommes retrouvés ensuite à Tokyo en 2005. Grand chef triplement étoilé lui aussi comme Alain et Gérard, c'est un gars formidable avec qui on a même monté un petit groupe de rock dès nos retrouvailles.
Bruno, c'est un exemple d'abnégation: ne jamais renoncer, aller tout droit. Bruno, c'est mon grand frère.
François Simon qui a découvert notre restaurant "Les Saisons" au fil de ses séjours à Tokyo, un amoureux du Japon. Un journaliste qui dès qu'il franchit le seuil d'un établissement a déjà compris ce qu'il aura dans son assiette. Une analyse vive, pragmatique, personnelle mais toujours si proche de la vérité. J'aime sa franchise et sa liberté de ton qu'il a su et pu garder tout au long de sa carrière.
Je pense aussi à mes amis de la Champagne qui nous ont reçu l'été dernier.
Fabrice Rosset des champagnes Deutz, élégant, raffiné, racé, ses vins lui ressemblent tant.
La famille Vranken, Nathalie et Paul-François... la Champagne a toujours été dirigée par de grands hommes, Paul-François fait partie de ceux-là.
Hervé Fort, le directeur général des Crayères, et Philippe Mille le talentueux chef du restaurant Le Parc, deux étoiles au guide Michelin, la troisième Philippe, elle arrive!
La maison est entre de bonnes mains. Elle vit, son cœur bat. Il bat fort car je l'entends jusqu'à Tokyo.
Jean-Paul Philippot qui nous a fait découvrir son jardin et ses plantes potagères, et nous a donné un peu de son temps et de son vin, avec Martine.
La famille Laluc, Françoise et François, et bien sûr Sophie qui prendra les rênes de l'entreprise familiale très vite. Embrassez les chèvres pour moi!
Remercier nos clients si fidèles sans qui notre restaurant ne saurait exister, c'est aussi et surtout eux qui nous permettent de respirer et d'avancer tous les jours.
J'aime leur regard, leur douceur, leur bienveillance, leur indulgence. J'aime quand ils sont curieux de tout, allant même jusqu'à vouloir goûter des rognons de veau alors qu'ils n'en raffolent pas!
Remercier tous nos employés, la cuisine et la pâtisserie évidement, cette équipe formidable qui ne forme qu'un, j'aime cet allant, j'aime leur gestuelle et leur façon d'être ... à la vie, à la mort, des samouraïs avec qui je passe la plus grande partie de mon temps, et avec vous je ne le perds jamais. Merci Kenji Nagano.
Car la cuisine n'est rien sans les serveurs, les sommeliers, et les réceptionnistes toujours si souriantes. Je les remercie eux aussi de me soutenir et d'apporter cette petite dose d'humanité qui rend nos plats toujours meilleurs.
Remercier le service presse et marketing, qui nous a accompagné durant la réalisation de ce livre,notamment Risa Wakatsuki qui a été présente à toutes les séances.
En fait, remercier tous les employés de l'Impérial, tous ceux qui œuvrent dans l'ombre ou la lumière, le service des ressources humaines, celui de la formation de nos équipes qui me pousse aussi à juste titre à étudier encore mieux le japonais…Les lingères, les plongeurs, barman, réception ,front desk et chasseurs, le service ventes, la maintenance et les électriciens sans qui nous n'aurions pas de lumière ...Je vais surement en oublier, qu'ils me pardonnent.
Encore des remerciements pour notre éditeur, Seibundo Shinkosha, et monsieur Tomoki Nakamura, en charge de l'édition.
Et que dire ,du merveilleux travail de notre photographe Haruko Amagata ...Elle a mis son cœur et on le voit à travers toutes les pages.
Sans oublier l'équipe de Paris avec qui nous avons passé une semaine studieuse en Champagne l'été dernier , merci au photographe Masahiko Takeda, ainsi que notre traductrice et accompagnatrice, Masae Hara.
Traduire en règle générale est plutôt facile, mais traduire des sentiments, des non dits et des émotions est très difficile, pour cela je remercie Kanako pour son aide si précieuse.
Masanobu Udagawa, mon ami de "nomikai" Max, un grand merci de m'avoir assisté pour tous les documents en japonais.
Un grand merci à Clara Bodin, pour son professionnalisme et sa vision différente. Quand on a Clara au Japon, a-t-on besoin d'un ambassadeur? les photos en noir et blanc d' Evan Will donne une profondeur à cet ouvrage, Evan est un artiste.
Mais finalement celle qui a fait tout le boulot, c'est Mie Nakamura, elle était stagiaire de cuisine chez nous il y a 3 ans, puis sa carrière a glissé petit à petit dans le journalisme pour enfin donner l'impulsion et proposer de faire ce livre.
Merci Mie pour ton travail et ton abnégation, tes sourires et ta joie de vivre. Ce livre, c'est aussi le tien

Thierry Voisin

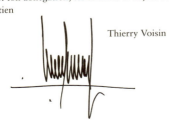

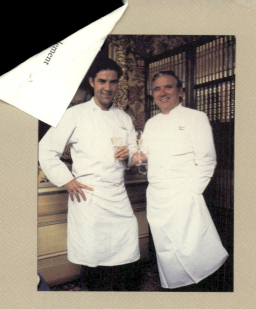

Les photographies
大切な人たちと共に

人は一人では何もすることは出来ません。沢山の人たちと出会い、お互いに支え合いながら前に進み成長していきます。料理人として、一人の人間として、自分の周りの人をリスペクトし愛すること、人と人の輪や繋を大切に思うことが重要です。著者の愛する人たちを写真で綴ります。

美味しいご飯を沢山作ってくれた祖母、どんな時も支えてくれる大切な家族。10歳で料理人になると決めていた私。修業時代をともにした仲間たち。同じ料理人を目指した親友。言葉では言い表せないくらい沢山のことを教えてくれた恩師。ランスで出会った食材生産者、シャンパーニュメゾンの友人達。そして、今、レ セゾンで新たな歴史を一緒に紡いでいる師匠と仲間たち。みんな愛すべき人々です。

[...to]ujours pensé que la cuisine de Thierry Voisin
[a un] double tiroir. Une sorte de scénographie très
[trou]blante. Certes, il y a une technique, un savoir faire
[ap]pris auprès d'un des plus grands maîtres de la cuisine
française, Gérard Boyer. Mais il y a plus encore…

Gérard Boyer, c'est un peu comme le père spirituel de Thierry Voisin. Bien souvent dans ce genre de configuration, on « tue » le père pour passer à autre chose. Seulement ici, avec Thierry, c'est une véritable passion filiale, un bel amour respectueux. A tel point que sa cuisine est restée parfois dans cet hommage, ce léger pas en arrière. Comme s'il voulait dire à Gérard: « regarde, je suis toujours là, pas loin de toi ». Parce que c'est dans la nature de Thierry. Il est habité par un humanisme magnifique. Aussi, Prend-il ! son temps, Dépouille-t-il lentement son style pour accéder doucement à sa propre signature. C'est pour cela que ses plats sont toujours en devenir, en progression constante, alors que la plupart du temps ses confrères ont posé leurs valises, plastronnent ou roupillent sous les lauriers. Ce qui-vive, c'est un peu la force d'une cuisine en mouvement. C'est une cuisine à l'écoute, aux taquets, au doute. Elle bouge sans cesse. Est constamment en veille, attend et régulièrement bondit.

Je pense notamment à sa sole au gingembre, l'un des plats qui me fait le plus saliver au monde. Etant né au bord de la mer, c'est un poisson fondamental pour ma part, doté d'une infinie bienveillance, d'un crénelé désarmant. Thierry a réussi a se glisser dans ce tableau sans faire de grand fracas, mais en saisissant instinctivement ce poisson, traçant une ligne de gingembre apaisé, déposant quelques carottes de Kyoto…

Ce que je voulais dire avant que vous ne feuilletez les pages de ce beau livre, c'est qu'il y a une dimension dans la cuisine que jamais les guides et les classements ne sauront localiser et graduer dans le travail de Thierry Voisin. C'est cette dimension sentimentale, cet humanisme évoqué plus haut. Il ne saurait y avoir de grands plats, de belle cuisine sans cette part fondamentale. C'est ici sans doute que se situe la grande force de Thierry Voisin, une sorte de vague douce et profonde, une qualité d'âme subtile et cette incroyable élégance, surgie de nulle part et atterrissant dans nos assiettes. En cela , Thierry Voisin est rare. Et nous devons considérer que c'est un cadeau divin que de goûter sa belle cuisine. Et surtout de le connaître.

François Simon

ティエリー・ヴォワザンには2つの引き出しがある。私はいつもそう思っていた。見る者の心をかき立てる舞台装置の一種のような。
とは言え、彼にはフランス料理の偉大なシェフたちやジェラール・ボワイエから学び取った料理の技術と知識（ノウハウ）がある。しかし、それだけではないのだ…。

ジェラール・ボワイエはティエリー・ヴォワザンにとって精神的な父のような存在である。このような立場においてよく見られるのは、さらなる高みを目指して次のステップに進むため、父を「殺す」ことである。しかしこの二人に限ってそのようなことはなく、ティエリーには、父に対する情熱と尊敬に満ちた美しい愛情があるのみ。どれほど彼の料理が軽やかで後戻りすることのないボワイエに対するオマージュにあふれていたか。それはまるでティエリーがボワイエに「ほら見て、私はいつも貴方の近くにいます。」と言いたかったかのようだ。これこそまさにティエリー生来の性格と言える。彼には素晴らしいヒューマニズムが宿っているのだ。さらに彼は歳月をかけて、ゆっくりと余分なものを削ぎ落とし、自らのスタイルを研ぎ澄ましていった。自分のシグニチャーを自からの料理に刻むため、ゆるやかに…。
だからこそ彼の料理は常に変わらなくてはならず、たゆまなく進化向上を続ける。多くの同世代のシェフたちがスーツケースを下ろして歩みを止め、過去の栄光を胸当てにうたた寝をする間に。
生き残る者、それは変化し続ける料理の力のおかげとも言える。ティエリーの料理は、人に耳を傾ける料理、常に限界を越えようとする料理、自らに問いかける料理である。それは常に動き続ける。そして常に眠らないで待機する、常にビートを叩き続ける高揚感のある料理なのだ。

特に私が思いを寄せるティエリーの料理は、「舌平目を骨付きのままリソレして生姜バターと京人参のコンディマンテと共に」。世界中で最も私を垂涎させた料理の一つである。海の近くに生まれた私にとって、舌平目こそ基本のキ、根本的な魚、寛大で無条件降伏したくなるほどの美味しさを備えた魚である。彼は大仰な苦労をすることもなく、この魚の特性を直感的に捉えて、舌平目に穏やかなジンジャーの香りを静かにすべり込ませ、京人参をそっと添えたのである…。

本書を手にした貴方に私がお伝えしたいこと、それはティエリー・ヴォワザンの仕事、彼の料理には、いかなるガイドブックもランキングも所在を捉えることができない、数値化できない幅と奥行きが存在するということだ。この数値化出来ないセンチメンタルな領域、彼のヒューマニズム、つまり彼の根源的な部分を抜きにして、これほどまでに偉大な料理、美しい皿が生まれることはないだろう。
ここにはおそらくティエリー・ヴォワザンの大きな力がある。それは鋭敏な魂の優れた性質、卓越したエレガンス。穏やかで深い波のように、どこからともなく現れ、静かに皿の上に降り立つ。だからこそ、ティエリー・ヴォワザンは滅多に出会うことのない稀少な料理人なのだ。そして私たちは彼の美しい料理を味わうこと、特に人として彼を知ることが神から与えられた贈り物であると気づかねばならない。

フランソワ・シモン

Thierry et moi c'étaient un rendez-vous. La première fois, il m'a confié sa passion et son amour pour le métier. J'aime dans cet homme la grâce, l'élégance, la finesse et le raffinement. Dans une cuisine, il rayonne, cisèle ses sens au quotidien, son regard sur le produit est une lumière, sa main est un voyage au dessus du plat. Ses plats ont des parfums et des saveurs malignes et intelligentes, grand rôtisseur et grand saucier, il sublime l'école du feu dans ses cuissons. Ce n'est pas par hasard si nous avons fait tous les deux l'école Boyer !

Alain Passard

ティエリーと私、我々は出会うべくして出会った。
最初に会ったとき、ティエリーは私にどれだけ料理人という仕事が好きか、仕事にかける情熱と愛情を打ち明けてくれた。
私はティエリーの優雅さ、繊細で上品な、洗練に満ちたところが好きだ。
彼は日々五感を研ぎすませ、料理を明るく照らしている。素材に注がれる彼の眼差しは光を放ち、彼の手は料理の上を旅するように動く。
ティエリーの料理は美味しそうな香り、知的な悪戯の風味にあふれている。優れたロティスール（焼き番）であり、偉大なソシエ（ソース番）であるティエリーは、火入れという作業を高尚なものに昇華させた。ティエリーと私がふたりともボワイエ出身であることは単なる偶然では決して無い！

アラン・パッサール

"L'important c'est l'essentiel" j'aime cette phrase qui résume parfaitement où Thierry souhaite vous emmener dans ce superbe livre. Il va vous faire voyager dans son essentiel, entre notre Touraine natale, sa Champagne et notre Japon, extraordinaire pays où il vit depuis plus de 12 années.

Son essentiel, c'est sa famille, ses amis, mais aussi ses producteurs et leurs produits, et certainement sa passion pour la cuisine et sa formidable habilitée d'adapter les ingrédients et les techniques de cuisine françaises et japonaises, sachant amoureusement et passionnément lier, mixer, malaxer, mélanger avec brio les deux cultures, fortes de tradition et d'innovation, en des mets savoureux et uniques. Je vous souhaite un délicieux voyage gourmand!

Bruno Ménard

「大事なことは本質的なこと」私が好きな一文です。ティエリーがこの素晴らしい本を通して貴方に伝えたいことは、ひとことで言えば、本質が大事ということではないでしょうか。この本は、彼にとっての本質、つまり彼と私の生まれ故郷であるトゥーレース地方、彼が料理人として開花したシャンパーニュ、そして彼が12年来暮らしている素晴らしい国日本を行き来する旅へと読む人を誘います。

ティエリーにとっての本質、それは彼の家族であり、友人であり、食材とその生産者、彼の料理に対する情熱、そしてフランス料理の技術と食材、日本の食材とその手法を巧みに合わせる素晴らしい才能です。ティエリーは相反する二国の文化、伝統と革新の強さを情熱的に結びつけ、愛を込めて練り上げ、滋味あふれる唯一無二の料理に仕上げます。この本を通して、素晴らしく美味しい旅をお楽しみください！

ブルーノ・メナール

企画・構成・取材：中村みえ
撮影：天方靖子
（プロフィール・裏表紙）：STUDIO C
（ボダン・クララ／エヴァン・ウィル）
デザイン：望月昭秀 (NILSON design事務所)
翻訳・通訳 勅使河原加奈子 (CREMA CO.LTD)
＜フランス取材＞
撮影：武田正彦
attendant：原 正枝

レ セゾン（スタッフ）
海老名裕光
藤澤利喜治
永野賢司
伊藤靖彦
加藤義晶
秋山真一

ティエリー・ヴォワザンの料理哲学とその仕事
帝国ホテル
レ セゾンの季節の食材とフランス料理

NDC 596

2017年4月17日 発行

著　者　ティエリー・ヴォワザン
発行者　小川雄一
発行所　株式会社 誠文堂新光社
　　　　〒113-0033
　　　　東京都文京区本郷3-3-11
　　　　［編集］電話　03-5805-7765
　　　　［販売］電話　03-5800-5780
　　　　http://www.seibundo-shinkosha.net/

印刷・製本　図書印刷 株式会社

Ⓒ 2017, Imperial Hotel, Ltd.
Printed in Japan

検印省略

万一落丁、乱丁の場合は、お取り替えいたします。本書掲載記事の無断転用を禁じます。また、本書に掲載された記事の著作権は著者に帰属します。これらを無断で使用し、展示・販売・レンタル・講習会等を行うことを禁じます。

本書のコピー、スキャン、デジタル化等の無断複製は、著作権法上での例外を除き、禁じられています。本書を代行業者等の第三者に依頼してスキャンやデジタル化することは、たとえ個人や家庭内での利用であっても、著作権法上認められません。

JCOPY ＜（社）出版者著作権管理機構 委託出版物＞
本書を無断で複製複写（コピー）することは、著作権法上での例外を除き、禁じられています。本書をコピーされる場合は、そのつど事前に、（社）出版者著作権管理機構（電話 03-5513-6969／FAX 03-3513-6979／e-mail:info@jcopy.or.jp）の許諾を得てください。

ISBN978-4-416-61605-5